MACRO-CRIMINALIDAD

MACRO-CRIMINALIDAD

Complejidad y Resiliencia de las Redes Criminales

Eduardo Salcedo-Albarán
& Luis J. Garay-Salamanca

(Autores Primarios y Editores)

Con la participación de:

Francisco Gómez Flores
José Ugaz Sánchez-Moreno
John P. Sullivan
Robert J. Bunker

MACRO-CRIMINALIDAD
COMPLEJIDAD Y RESILIENCIA DE LAS REDES CRIMINALES

Puede hacer pedidos de libros de iUniverse en librerías o poniéndose en contacto con:

iUniverse
1663 Liberty Drive
Bloomington, IN 47403
www.iuniverse.com
1-800-Authors (1-800-288-4677)

ISBN: 978-1-4917-9846-1 (tapa blanda)
ISBN: 978-1-4917-9845-4 (libro electrónico)

Numero de la Libreria del Congreso: 2016908544

Información sobre impresión disponible en la última página.

Fecha de revisión de iUniverse: 07/26/2016

TABLA DE CONTENIDOS

ADVERTENCIA

Los hechos y los análisis presentados en este libro están sustentados en documentos y entrevistas publicadas en medios de comunicación de masas o en archivos judiciales relacionados con las redes ilícitas que aquí se modelan. En el caso de los nombres mencionados, citados o referenciados en el texto, de personas acusadas pero que aún no han sido condenadas, siempre se preserva la presunción de inocencia en observación de los derechos individuales. La verdad judicial es jurisdicción de las cortes, las cuales, por ley, decidirán si los acusados son inocentes o culpables.

Por lo anterior, se aclara que *pertenecer a, participar en, estar conectado a,* o *aparecer en* una red, como las que aquí se analizan, no implica haber cometido un acto ilegal o estar involucrado en una empresa criminal. Es siempre posible que un individuo, a pesar de promover actividades legales y lícitas, *pertenezca a, participe en, esté conectado a* o *aparezca en* una red ilícita como resultado de la coerción o el engaño, por fallas en los procesos que enmarcan las investigaciones judiciales, o por cualquier otro motivo no relacionado con la comisión de actos criminales.[1]

Fundación y Revista de Guerras de Baja Intensidad (*Small Wars Journal*)

Small Wars Journal [Revista de Guerras de Baja Intensidad] facilita el intercambio de información entre profesionales, líderes y estudiantes de este tema, para avanzar el conocimiento y las capacidades en esta área de estudios. Esperamos que esto, en últimas, incentive la práctica y efectividad de las fuerzas encargadas de procesar judicialmente las guerras de baja intensidad, con el interés de promover la autodeterminación, la libertad y la prosperidad de los pueblos ubicados en áreas de operación.

Consideramos que las *guerras de baja intensidad* son una característica permanente de la política moderna. No creemos que lo verdaderamente efectivo en las guerras de baja escala sea una "versión reducida", y ajustada a la medida, de una fuerza diseñada para guerras mayores. Y *nunca* creímos que "evitar áreas urbanizadas" sea una posición sostenible para garantizar la doctrina prevalente que ya se ha mantenido por bastante tiempo. *Small Wars Journal* [Revista de Guerras de Baja Intensidad] es una evolución de la página de internet MOUT, La Revista de Operaciones Urbanas, y urbanoperations.com, todas previamente administradas por el Editor en Jefe de *Small Wars Journal* [La Revista de las Guerras de Baja Intensidad].

Las características de las *guerras de baja intensidad* han evolucionado desde las "Guerras Banana" [*Banana Wars*] y las "Diplomacia de Cañón" [*Gunboat Diplomacy*]. La Guerra nunca es completamente militar; sin embargo, con la elevada interconexión del Siglo XXI, las guerras de baja intensidad son aún menos "puramente militares". Su desarrollo típicamente involucra la proyección y el uso de todo el espectro de poder nacional y de coalición. La parte militar es generalmente la más importante de "la manada"; sin embargo, también hay otros lobos. La fortaleza de la manada es el lobo y la fortaleza del lobo es la manada.

Los fundadores del *Small Wars Journal* provenimos de la Infantería de Marina. Como marinos somos muy orgullosos, pero conscientes y cautelosos. El *Small Wars Journal* busca trascender cualquier punto de vista que sea puramente militar o ingenuamente centrado en los Estados Unidos (U.S.-centrista). Buscamos una aproximación comprensiva a las *guerras de baja intensidad*, integrando toda la coalición militar aliada conjunta, con su gobierno federal o con las agencias nacionales, agencias no gubernamentales, y organizaciones privadas. Las *guerras de baja intensidad* son grandes empresas que demandan esfuerzos coordinados de una comunidad de intereses.

Agradecemos a nuestros colaboradores por compartir su conocimiento y experiencia, y esperamos que usted siga acompañándonos mientras construimos un recurso comunitario de intereses, involucrándose en un diálogo profesional en este tema que, lamentablemente, es relevante. Compártanos sus pensamientos, ideas, éxitos y fracasos; fortalézcanos.

"... Lo sé cuando lo veo".

"Guerras de Baja Intensidad" es un término imperfecto usado para describir un amplio espectro de la continuación de la política por *otros* medios, ubicándose en algún punto medio entre la diplomacia determinada y las guerras globales termonucleares. *Small Wars Journal* [La Revista de las Guerras de Baja Intensidad] adopta esa imperfección.

Así como no hay algo amigable en el "fuego amigo", no hay necesariamente algo "pequeño" en las Guerras Pequeñas.

El término "Guerra de Baja Intensidad" o "Guerra Pequeña" por lo tanto abarca y se traslapa con varios términos familiares como "contrainsurgencia", "defensa doméstica en extranjero", "operaciones de apoyo y estabilidad", "pacificación", "mantenimiento de paz", así como otras variaciones de la intervención. Operaciones como "evacuaciones de no combatientes", "ayuda en desastres", y "asistencia humanitaria", usualmente serán parte de una Guerra de Baja Intensidad, o tendrán una Guerra de Baja Intensidad asociada.

Las Guerras de Baja Intensidad (o "Pequeñas Guerras") involucran un amplio espectro de habilidades especializadas en el ámbito táctico, técnico, social y cultural, así como de experticia e ingenio por parte de practicantes de distintas profesiones. El Manual de Guerras de Baja Intensidad (un excelente recurso que, desafortunadamente, es más citado que leído) señala que:

> *Las Guerras de Baja Intensidad demandan el mayor tipo de liderazgo dirigido por inteligencia, inventiva e ingenio. Las Guerras de Baja Intensidad son concebidas en la incertidumbre, son usualmente conducidas con una precaria responsabilidad y dudosa autoridad, y bajo órdenes indeterminadas que carecen de instrucciones específicas.*

El constructo de la "guerra de tres bloques", empleado por el General Krulak, es excepcionalmente útil para describir los desafíos tácticos y operativos de las Guerras de Baja Intensidad y de muchas operaciones urbanas. Su único defecto es que es tan útil, que es usualmente confundido con una definición o con un tipo de operación.

***

Small Wars Journal [La Revista de Guerras de Baja Intensidad] es una página de internet que no es gubernamental, oficial o corporativa. Es administrada por la Fundación para las Guerras de Baja Intensidad [*Small Wars Foundation*], una corporación 501 (c)(3) sin ánimo de lucro, para el beneficio de la comunidad de interesados en las Guerras de Baja Intensidad. Los directores del sitio son Dave Dilegge (Editor en Jefe), Bill Nagle (Editor), Robert Haddick (Jefe de Redacción) and Peter Muson (Editor). Dilegge, Nagle y Haeddick, junto a Daniel Kelly, son la Junta Directiva de la Fundación para las Guerras de Baja Intensidad [*Small Wars Foundation*].

FUNDACIÓN *VORTEX*

Integrando varias áreas del conocimiento humano, Fundación *Vortex* proporciona insumos, conceptos, modelos y metodologías para entender y enfrentar desafíos sociales como garantizar la seguridad transnacional, la eficiencia gubernamental y la transparencia, así como los derechos y la protección a víctimas.

Mediante acuerdos de cooperación y colaboraciones con universidades e institutos en Colombia, México, Estados Unidos, Bulgaria, España e Italia, entre otros países, Fundación *Vortex* ha ejecutado ambiciosos proyectos para identificar debilidades institucionales, enfrentar la corrupción y entender la complejidad de las Redes de Crimen Transnacional. Los conceptos, las herramientas y las metodologías desarrolladas por Fundación *Vortex* han sido aplicadas, discutidas y publicadas a lo largo de las Américas, Europa, África y Asia.

Tres ideas sustentan las actividades y aproximaciones de Fundación *Vortex*:

1. El mundo no está fragmentado entre asuntos "duros" y "blandos", entre fenómenos sociales e individuales, o entre problemas racionales y emocionales. Estos elementos están mutuamente afectados en relaciones de causalidad, de naturaleza analógica.

2. Los científicos deberían comunicar sus hallazgos y discusiones a la sociedad, a los diseñadores de política y a los decisores sociales.

3. Un vórtice científico sucede cuando diferentes áreas del conocimiento humano se integran *en* y *con* nuevos métodos y hallazgos científicos. Esto implica integrar la ciencia y el humanismo.

Fundación *Vortex* es una entidad sin ánimo de lucro que opera mediante donaciones y subvenciones, con una estructura administrativa simplificada coordinada por Eduardo Salcedo-Albarán (Director) y Luis Jorge Garay-Salamanca (Director Científico). Fundación *Vortex* concentra y asigna todos sus recursos en el último objetivo de aplicar ciencia integrativa para mejorar las sociedades.

Los Autores

Robert J. Bunker: Académico en estudios de guerra de época [*Epochal Warfare Studies*] y consultor en seguridad, concentrado en estrategias para investigar, analizar y vencer fuerzas opuestas al Estado. Tiene un PhD en Ciencia Política de *Claremont Graduate University*, cinco grados universitarios, y ha desarrollado y proporcionado entrenamiento en contra-terrorismo. Es coautor de *Mexico's Criminal Insurgency: A Small Wars Journal-El Centro Anthology* (iUniverse, 2011). Sus afiliaciones actuales incluyen: *Adjunct faculty* en *Claremont Graduate University* e Investigador Principal en el Small Wars Journal-El Centro [Revista de Guerras de Baja Intensidad-El Centro]. Afiliaciones anteriores incluyen: Profesor Visitante Distinguido y Director Minerva en el Instituto de Estudios Estratégicos, Colegio de Guerra de Las Fuerzas Armadas de Los Estados Unidos; Área de Narcotráfico de Alta Intensidad en Los Ángeles [*Los Angeles High Intensity Drug Trafficking Area*, LA-HIDTA], Corporación Counter-OPFOR, *University of Southern California*, Academia del FBI (como Futurista en residencia), *National Law Enforcement and Corrections Technology Center-West*, y El Grupo de Alertas Tempranas de Terrorismo en Los Ángeles.

Francisco Gómez: Estudió ciencias de la comunicación en la Universidad Nacional Autónoma de México. Como periodista mexicano, se ha especializado en temas de narcotráfico y crimen organizado. Fue reportero en temas de justicia y crimen organizado, además de editor en El periódico El Universal. Durante casi 30 años de experiencia profesional ha colaborado con varios periódicos y revistas dentro y fuera de México. En reconocimiento a su trabajo investigativo, descubriendo y analizando estructuras de narcotráfico infiltradas en las agencias de seguridad de México, ganó el Premio Nacional de Periodismo *"José Pagés Llergo"* (2008).

John P. Sullivan: Oficial de Policía. Actualmente se desempeña como teniente con el Departamento del Sheriff de Los Ángeles. Es Investigador Adjunto en Fundación *Vortex*, Bogotá, Colombia; Investigador Principal (*Fellow*) en el Centro de Estudios Avanzados en Terrorismo (CAST); e Investigador Principal (*Fellow*) en el Small Wars Journal-El Centro [Revista de Guerras de Baja Intensidad-El Centro]. Es coeditor de los libros *Countering Terrorism and WMD: Creating a Global Counter-Terrorism Network* (Routledge, 2006) y *Global Biosecurity: Threats and Responses* (Routledge, 2010). Es coautor de *Mexico's Criminal Insurgency: A Small Wars Journal-El Centro Anthology* (iUniverse, 2011). Tiene un PhD de la Universidad Abierta de Cataluña. Actualmente, sus investigaciones se centran en el impacto del crimen organizado transnacional sobre la soberanía de México y otros países.

José Ugaz Sánchez-Moreno: Abogado penalista, egresado de la Pontificia Universidad Católica del Perú. Es el actual presidente de Transparencia Internacional, coalición de la sociedad civil, líder mundial en la promoción de la transparencia y lucha contra la corrupción, y que opera en más de 117 países. Dirigió la Procuraduría Anticorrupción del Perú durante el caso Fujimori-Montesinos (2000-2002), llevando a proceso judicial a un ex presidente de la República y decenas de altos funcionarios de Estado por cargos asociados a corrupción y conspiraciones criminales. Tras los 14 meses de su gestión, además, se abrieron más de 200 casos contra 1.500 miembros de la red criminal fujimorista, así como de asociados a ese régimen. Es autor de *Prensa juzgada* (2000), libro en el que analiza cómo los tribunales juzgaron a la prensa peruana por delitos contra el honor entre los años 1969 a 1999, y *Caiga quien caiga* (2014), libro en el que relata su experiencia como Procurador *Ad Hoc* en el caso Montesinos-Fujimori.

Prefacio

Robert J. Bunker

Macro-criminalidad: Complejidad y Resiliencia de las Redes Criminales, de Eduardo Salcedo-Albarán y Luis Jorge Garay-Salamanca, autores principales y editores, es la muy anticipada secuela de su obra *Drug Trafficking, Corruption and States: How Illicit Networks Shaped Institutions in Colombia, Guatemala and Mexico,* publicada por *Small Wars Journal (SWJ)*-El Centro y Fundación Vortex (Bloomington, iUniverse, 2015).[2]

Este nuevo esfuerzo académico que incluye grafos de las redes y análisis de los nodos/agentes e interacciones de las estructuras criminales, se fundamenta teórica y empíricamente en estudios de caso y en el enfoque de penetración de la corrupción utilizados en la obra anterior; una línea de investigación que se ha refinado y actualizado continuamente durante nueve años para avanzar el estado del arte acerca de las amenazas impuestas por las redes criminales, y así facilitar la respuesta por parte de las soberanías democráticas.

El libro se divide temáticamente en cuatro partes que contienen un total de once capítulos. La parte inicial de la obra está dedicada a explicar el auge de una nueva forma de redes criminales *vis-à-vis,* una estructura más descentralizada, e introducir el concepto de macro-criminalidad. La segunda parte del libro está dedicada a discutir y analizar la red criminal Fujimori-Montesinos-FARC, un tipo más antiguo de estructura criminal muy centralizada y con atributos de baja resiliencia en el largo plazo que, sin embargo, logró la cooptación institucional en los más altos niveles del Estado Peruano. La tercera parte del trabajo se concentra en la red criminal de "Los Zetas", una estructura poco centralizada y con atributos de alta resiliencia en el largo plazo, que ha logrado un menor nivel de cooptación institucional conocida en las altas esferas del Estado Mexicano, cuando se compara con la red Fujimori-Montesinos-FARC. En la parte final del libro se resumen y resaltan las dos formas de estructura criminal que compiten –la inicial y más antigua, concentrada en cooptaciones políticas y económicas con los niveles más altos del Estado, y la segunda y más reciente, concentrada también en estrategias violentas y coercitivas, que sobrepasa las instituciones del Estado. Resultado del análisis de estas dos formas de redes criminales, se hacen tres sugerencias para el Hemisferio Occidental, que parecen obvias pero están aún alejadas de muchas agencias de seguridad:

- *Reconocer, a nivel social y político, que las redes y las macro-redes criminales usualmente operan manipulando y usando las instituciones públicas y privadas en varios países.*
- *Entender la estructura y funciones de las redes y las macro-redes criminales.*
- *Formular y adoptar jurisprudencia en la que se entienda y considere la operación de las redes y las macro-redes criminales.*

Esta obra es de aún mayor significancia por la importancia de las contribuciones de José Ugaz, abogado peruano, fiscal especial durante el caso contra Fujimori y actual Director de Transparencia Internacional, y del destacado periodista mexicano Francisco Gómez. Ambas contribuciones están fundamentadas en información de campo y fuentes primarias. Ugaz, por su parte, proporciona revelaciones documentadas acerca de las nefastas actividades de Vladimiro Montesinos, quien dirigía desde la sombra la agencia de inteligencia del Estado Peruano, y de Alberto Fujimori, entonces presidente del Perú – en un entorno de numerosas amenazas de muerte a testigos– mientras ambos participaban en tráfico de narcóticos, lavado de dinero y asociaciones con el crimen organizado.[3] A su vez, Gómez valientemente proporciona hallazgos investigativos cruciales acerca de la aparición y consolidación de las redes criminales mexicanas, en una época en que muchos otros reporteros han sido asesinados, cooptados u obligados a abandonar su profesión y huir del país.[4]

En resumen, Salcedo-Albarán –Director de Vortex con MsC. en la Universidad de los Andes– y Garay-Salamanca –Director Académico de Vortex y PhD. del *Massachusetts Institute of Technology*–, siendo ambos miembros del *SWJ*-El Centro, han creado una obra importante y única. Esta obra es una poderosa y convincente explicación de la tipología de redes macro-criminales, que además explica cómo las amenazas del crimen organizado son subestimadas y mal interpretadas por gobiernos y funcionarios. En últimas, este análisis conduce a sugerencias acertadas acerca de las políticas y acciones.

En el *Small Wars Journal (SWJ)*-El Centro somos privilegiados y estamos honrados de asociarnos con esta obra y con estos académicos que proponen una nueva aproximación de investigación y análisis. Las obras que han resultado de la cooperación con Fundación Vortex, la propia serie de artículos y reportes de investigación de Fundación Vortex, y los múltiples artículos, antologías y libros producidos por *SWJ—El Centro,* leídas por académicos, profesionales, y miembros informados del público general, dan cuenta de la importancia de los estudios latinoamericanos concentrados en el análisis del crimen organizado, la insurgencia criminal, la impunidad y la insolvencia del Estado. El hecho de que cada vez más lectores en español e inglés accedan a estas obras, a lo largo de las Américas, indica que la amenaza de grupos criminales, bandas, carteles de narcotráfico, regímenes cleptocráticos y poderes autocráticos alrededor del mundo, es ahora más conocida e investigada. En cualquier caso, esta amenaza facilita la economía ilícita[5] y afecta el imperio de la ley, los derechos y los valores democráticos de la mayoría de ciudadanos alrededor del mundo.

Prólogo: Saliendo de las sombras; el poder de las redes

John P. Sullivan

Sindicatos criminales, pandillas, mafias y carteles operan en las sombras y en intersticios entre el "bajo mundo" y las actividades legítimas. En las concepciones populares, e incluso en la idea ingenua de muchos políticos, diseñadores de política pública, agentes de policía y académicos, hay un claro límite entre el bajo mundo y el resto de la sociedad –el "mundo de arriba". En esta concepción dualista está el Estado con su monopolio de la violencia, en un lado, y los actores no-estatales, criminales, guerrillas y terroristas, al otro lado. La economía legítima o lícita, opera, por una parte, y la economía "ilícita", por otra. En esta imagen, las actividades económicas y políticas son diferenciadas del crimen y la guerra. Sin embargo, la realidad o realidades, son mucho más complejas.

El espacio de los flujos lícitos e ilícitos

Las complejidades de las empresas políticas, económicas y criminales no sólo se expresan en transacciones espejo, en el "bajo mundo" y en el "mundo de arriba", sino que están profundamente interconectadas. Mientras presenciamos el auge de la globalidad, también presenciamos el auge de las redes.[6]

Ambos son fenómenos complementarios que conducen a nuevas formas de actividad política, económica y cultural. Ambos fenómenos también conducen a nuevas formas de organización criminal: redes criminales transnacionales que explotan una globalización desviada y perversa.[7] Con este auge de nuevo poder y economía, emergen nuevas confrontaciones por la supremacía, el poder y las utilidades.

Estudios preliminares sugieren el auge de conflictos interconectados; de hecho, la confrontación entre el poder y el contra-poder es instrumental para moldear redes criminales y sus interacciones con otros actores (especialmente en las Américas).[8] Sin embargo, dichas interacciones y transacciones muy rara vez son percibidas y comprendidas fuera del ámbito de la competencia penal, a pesar de su profunda influencia en el resto de la sociedad.

En este sentido, este libro proporciona una serie de análisis liderados por Luis Jorge Garay-Salamanca y Eduardo Salcedo-Albarán, que exponen aquellas redes de poder que normalmente están ocultas. Se basan en investigaciones previas sobre narcotráfico, corrupción y reconfiguración de estados para explorar la macro-criminalidad y la resiliencia de las redes criminales.[9] La luz que ponen sobre la actividad de las redes criminales consiste en un marco teórico para entender y analizar grandes redes complejas, o "redes macro-criminales", conformadas por más de 400 nodos/agentes. Estas redes macro-criminales trascienden pandillas, mafias y sus alianzas internas, para incluir actores políticos, funcionarios públicos y empresarios corruptos. Es decir, las redes macro-criminales son organizaciones complejas que ocupan los mercados "negros" y el espacio de flujos ilícitos del bajo mundo, los mercados "blancos" de la economía legítima, así como sus puntos de contacto: los mercados y zonas grises.[10]

Analizando redes complejas

Estas redes son complejas no sólo por su tamaño, sino por su capacidad para penetrar y manipular múltiples facetas de la sociedad. Esto les proporciona a las redes criminales la habilidad para obtener (y distribuir) poder y ganancias en los corredores legítimos de poder, así como entre sus aliados en barrios bajos y prisiones. Este amplio acceso multinivel tiene posibilidades reales de poder que hacen que la separación tradicional de análisis político y económico sea limitado y quizá obsoleto.

Para exponer la capacidad para generar relaciones de poder y ganancias (que constituyen una economía política criminal o desviada y perversa), Garay-Salamanca y Salcedo-Albarán se han sustentado en estudios de caso de crimen y corrupción. Específicamente, en las Américas, han examinado las interacciones y redes en México, Guatemala, Colombia y Perú.

En estos estudios de caso se usan las redes como marco de análisis para entender la evolución de las relaciones de poder y su capacidad para transformarlas (en lo que es usualmente llamado "narco-política"). Este marco se sustenta en el Análisis de Redes Sociales (ARS), la minería de datos y procedimientos de visualización, para ganar comprensión de la complejidad criminal. Nodos y agentes, en sus interacciones, son analizados y medidos para determinar el tipo de alcance de las transacciones conducidas por múltiples actores. Estos actores, en cada caso analizado, son más complejos que las categorías de "narcotraficantes" y las organizaciones son mucho más complejas que las categorías de "carteles" o, como también se conocen, Organizaciones Narcotraficantes. De hecho, estas Organizaciones de Crimen Transnacional (OCTs) son actualmente complejas redes transnacionales con nodos y conexiones por fuera de la empresa criminal misma, sean mafias transnacionales, carteles o pandillas.

De hecho, en muchos casos, complejas redes transnacionales implican múltiples entidades criminales (alianzas y proyectos mutuos entre pandillas, carteles y mafias), así como negocios, empresas, y oficiales corruptos. Por lo tanto, las redes transnacionales usualmente involucran políticos, guerrillas y organizaciones insurgentes, además de los criminales tradicionales. El macro-análisis de la configuración de la red en conjunto es, por lo tanto, esencial para entender el potencial de transformación de la red y sus interacciones con otras redes. Sin esta perspectiva de análisis macro, las complejidades y potencialidades para acumular poder y ganancias quedan siempre en la oscuridad. Esta macro-perspectiva también ilumina y da información acerca de la resiliencia de la red y sus formas de organización.

Redes de Crimen Transnacional

Las redes analizadas en esta obra, incluyen la Red Fujimori-Montesinos-FARC (Fuerzas Armadas Revolucionaras de Colombia) en Colombia y Perú y la red de Los Zetas en México (que afecta Centroamérica y los Estados Unidos). Ambos casos de estudio ilustran los potenciales riesgos de infiltración institucional (cooptación y penetración en órganos del Estado), así como las posibles interpenetraciones a través de actores estatales y criminales.[11]

Los nexos Fujimori-Montesinos-FARC se refieren a las actividades del expresidente del Perú, Alberto Fujimori y Vladimiro Montesinos, el jefe de inteligencia de Fujimori. Fujimori y Montesinos han sido acusados de transformar el Perú en un narco-estado entre 1990 y 2000. Aunque los dos están en prisión por cargos principalmente relacionados con corrupción, han sido señalados de tener conexiones con narcotraficantes colombianos y con remanentes de su propia red de corrupción en la política Peruana.[12]

La "interpenetración" entre los elementos de estas complejas redes permite a todos los actores influirse mutuamente. Estas interacciones hacen esencial examinar las redes no sólo como organización, sino también como un proceso con estructuras lógicas únicas. Este proceso puede involucrar alianzas, competencias, infiltración, centralización y/o descentralización, adaptabilidad y resiliencia. El proceso y su correspondiente estructura lógica, también dictan las actividades de la red, las empresas y los negocios que ésta persigue, así como las áreas en las que opera. Esto usualmente involucra narcotráfico, pero crecientemente incluye un mayor rango de empresas criminales en múltiples mercados. Los Zetas son un ejemplo de un cártel, o empresa criminal, que configura su red para explotar un rango de actividades ilícitas además del tráfico de narcóticos.

Extracción de recursos

En esta obra se examina la operación de extracción de recursos por parte de Los Zetas, específicamente el mercado ilícito de condensado de hidrocarburo.[13] Los Zetas sobresalen por la explotación de las fuentes del petróleo Mexicano para traficarlo hacia Estados Unidos en el mercado ilícito de hidrocarburos. Este petro-mercado es lucrativo e involucra una empresa transfronteriza (Estados Unidos-México) que vale, al menos, 1 Billón de dólares por año. Las acciones van desde las tomas clandestinas (*pipeline taps*) de baja escala, hasta la desviación de gran escala del producto de las líneas de transporte y el robo de tanques transportadores. El comercio ilegal no se restringe a Los Zetas, sino que otros carteles, incluyendo el Cártel del Golfo, compiten con Los Zetas en Tamaulipas y también extraen el producto de la empresa Pemex, la petrolera paraestatal mexicana.[14] Esta red ilícita de tráfico de petróleo e hidrocarburos implica la colusión entre carteles y sus pandillas afiliadas (por ejemplo, Los Zetas), la compañía petrolera (Pemex) y el Estado (a todos los niveles locales, estatales y federales).

Más que crimen organizado

La colusión entre el crimen organizado, el Estado y las empresas comerciales, hace que las acciones de estas complejas redes ilícitas sean más que "crimen organizado". Estos complejos procesos de flujos ilícitos (políticos y económicos) pueden –y de hecho, logran– conducir a inseguridad, corrupción, impunidad, reconfiguración del poder político y, consecuentemente, reconfiguración del Estado (tanto Estados individuales, como Estados a nivel colectivo en relación con otros Estados).[15]

Las complejas redes criminales incluyen empresas criminales con capacidad para ejecutar y conducir guerra y violencia, lo cual desafía la capacidad y solvencia de los Estados. Algunos carteles, como Los Zetas y sus respectivas contrapartes en México (así como otros carteles, guerrillas, autodefensas y Bacrim en Colombia y en otros lugares), mantienen su capacidad paramilitar de guerra —son ejércitos esencialmente privados que no sólo mantienen disciplina interna, sino que desafían al Estado y a su aparato de seguridad (policía y ejército).[16]

Los estudios de caso expuestos en las siguientes páginas ayudan a sacar las redes de crimen transnacional de las sombras para exponerlas a la luz, donde pueden examinarse sus impactos sobre la sociedad. Los actores de estas redes ejemplifican el desafío impuesto por la complejidad criminal que opera en la esfera transnacional. Las operaciones transnacionales de estos carteles, mafias y pandillas (actuando en concierto), permiten a estas redes manipular entidades públicas y privadas para acumular utilidades y poder. Mientras esas redes reconfiguran las estructuras criminales, también reconfiguran las funciones del Estado, conduciendo a nuevas formas económico-políticas que van desde enclaves económicos hasta "narco" o "mafia-Estados".[17]

Se necesitan nuevas estructuras de seguridad (policiva y militar), inteligencia y gobernanza en todos los niveles de la actividad del Estado: local, estatal y federal, para abordar y enfrentar los desafíos impuestos por las redes macro-criminales (redes de poder). A continuación se presentan los fundamentos para desarrollar las estructuras para confrontar esas amenazas (que van desde la violencia hasta la corrupción corrosiva y la impunidad) impuestas por redes criminales complejas y transnacionales. La macro-criminalidad es, esencialmente, un crimen estratégico. El análisis aquí propuesto y los casos discutidos son por lo tanto importantes para entender la macro-criminalidad, para mantener la seguridad y para combatir el crimen transnacional en las Américas y en el resto del mundo.

INTRODUCCIÓN

Con carta enviada vía fax desde Tokio el 19 de Noviembre del año 2000, el entonces presidente de la República del Perú, Alberto Fujimori, renunciaba a su cargo tras abandonar repentinamente el país. En la carta, Fujimori aseguraba que su renuncia convenía para garantizar la estabilidad económica del Perú; sin embargo, el motivo real parecía estar relacionado con el descubrimiento de la red criminal que se tejió durante su presidencia. En ese momento, estaba aún por descubrirse el nivel de cooptación y corrupción, así como la complejidad y el alcance de la red criminal que desde la cúpula del Gobierno Peruano operó con sobornos, narcotráfico, tráfico de armas y violencia ejercida con participación del jefe de inteligencia del Perú, Vladimiro Montesinos. Una red criminal como otras que a lo largo del Hemisferio Occidental han dañado la calidad institucional de varios Estados y han modificado de manera perversa los procesos económicos, políticos y sociales.

Aunque la red criminal instaurada durante el gobierno Fujimori en Perú fue compleja y afectó varios sectores del Estado, no fue tan perdurable como las observadas en otros países. El daño institucional soportado en crímenes y delitos ejecutados desde la legalidad, observado en Perú, no se compara con lo registrado en Estados como el Mexicano, ya no sólo como resultado del narcotráfico sino de otras actividades ilícitas que han demostrado ser altamente lucrativas. Por ejemplo, en 2007 el decomiso de USD$1.149.069 a un camión que se desplazaba hacia *Rio Grande Valley*, en Texas, permitió a autoridades de Estados Unidos y México descubrir un complejo esquema de robo y tráfico de condensado de hidrocarburos mexicanos a cargo de "Los Zetas", el mismo mal llamado "cártel de narcotráfico" que en 2010 masacró a 72 inmigrantes en Tamaulipas, México, y que a mediados de 2011 decapitó a 26 personas en la región del Petén, Guatemala. El nivel de cooptación, corrupción y complejidad registrados actualmente en México como resultado de la actividad de "Los Zetas" y muchas otras redes criminales, tienen pocos referentes de comparación.

La red criminal que operó en Perú durante los 90s y las que operan actualmente en México, son ejemplos de una complejidad criminal que usualmente no se analiza y, por lo tanto, no se enfrenta de manera acertada. Una complejidad que desborda las capacidades de investigación, juzgamiento y sanción de la mayoría de sistemas judiciales. Usualmente, las estrategias para combatir estas redes criminales se concentran en perseguir a los capos de turno, mientras se omiten las estructuras económicas y políticas que sustentan dichas redes.

La información proporcionada y la protección garantizada por la Presidencia y el Servicio de Inteligencia del Perú hicieron casi intocable a la red criminal establecida por Fujimori y Montesinos, de manera que sólo mecanismos de investigación excepcionales permitieron enfrentar esta red y superar una infiltración criminal masiva y perdurable. Sin embargo, en México aún se aplican conceptos y métodos de investigación que parecen ser insuficientes para enfrentar a redes criminales que cada vez son más complejas y cuentan con más poder político y económico. Peor aún, en México aún se definen como "carteles de narcotráfico" a las complejas redes criminales que ni tienen estructura piramidal de cártel, ni se dedican exclusivamente al narcotráfico.

A pesar de la protección y del poder acumulado por la red criminal de Fujimori y Montesinos, su desarticulación fue posible. Contrario a esto, en la historia reciente de México, redes criminales transnacionales como "Los Zetas", "El Cártel de Sinaloa" o "Los Caballeros Templarios" parecen no desarticularse a pesar de las constantes capturas y muertes de sus líderes.

Este libro es, entonces, un esfuerzo por entender los motivos y características que hacen que una red sea susceptible de desarticulación. Es decir, en el presente libro se cuestiona por qué algunas redes criminales son o parecen más susceptibles de ser desarticuladas que otras o, planteado de otra manera, por qué algunas redes criminales son o parecen ser más resistentes que otras. Tras plantear esta duda, proponemos una respuesta con base en el análisis de dos casos emblemáticos que han definido la historia y la dinámica institucional de dos países latinoamericanos: México y Perú.

La red "Montesinos-FARC", como se denomina al caso peruano que aquí se analiza, servirá para explorar las características que hacen a una red susceptible de ser desarticulada. Esto no quiere decir que dicha red colapsó como resultado únicamente de su estructura; al contrario, este caso muestra que es siempre necesario que unos pocos funcionarios públicos comprometidos sepan aprovechar las debilidades de la red para desarticularla. Por otra parte, la macro-red "Los Zetas" servirá para explorar las características que hacen a una red resistente y muy difícil de desarticular. Esto no implica que los países que actualmente enfrentan a "Los Zetas" se hayan rendido ante el poder criminal de la red, sino que muestra la necesidad de enfoques novedosos de investigación judicial y policial para lograr su mayor fragmentación posible.

Redes y la mal denominada "colombianización" de México

El tipo de análisis propuesto en este libro es el resultado de exploraciones teóricas y empíricas desarrolladas desde 2007, orientadas a entender, inicialmente, las redes criminales que han operado en México, Guatemala, Colombia y Perú. Desde la década pasada ha sido común debatir la mal denominada "colombianización" de México, es decir, la posibilidad de que México enfrente grupos criminales tan poderosos como el Cártel de Medellín, que atemorizó a la sociedad colombiana durante los 80s y comienzos de los 90s. Entonces, para analizar la posibilidad de que México se "colombianizara", era necesario entender las características y cambios de las estructuras criminales en ese país y en el Hemisferio.

Así, desde el inicio de nuestras investigaciones y tras publicar resultados en 2012, fue evidente que la situación enfrentada por el Estado Mexicano era mucho más compleja y difícil que la que enfrentó el Estado Colombiano contra el Cártel de Medellín y sus sucesores, el Cártel de Cali y el del Norte del Valle. Con las investigaciones adelantadas verificamos que los carteles que operaron durante los 80s y 90s en Colombia eran "más simples" que las estructuras criminales que estarían en reacomodo en México durante las dos primeras décadas del presente siglo. En este libro se explicará qué quiere decir que una estructura criminal sea "más simple" que otra.

Mientras continuamos nuestras investigaciones acerca de redes criminales operando en diversos países, hasta ahora se han verificado y contrastado algunas características básicas del crimen transnacional. Por ejemplo, la participación de funcionarios públicos y agentes privados como líderes políticos, empresarios y banqueros es una característica común. De hecho, en algunos casos se ha constatado que son los mismos funcionarios públicos y agentes privados quienes buscan y cooptan a las estructuras criminales, ofreciéndoles favores políticos y recursos económicos a cambio de recibir apoyo en el ejercicio de violencia; una situación que ya el reconocido investigador Luis Astorga había planteado antes de nuestras investigaciones en México, al señalar la supeditación de lo criminal a lo político en México.[18]

Otra característica común verificada fue la presencia de al menos tres estructuras que convergen en una misma red criminal: una estructura coercitiva, una política y una financiera. Estas tres estructuras son tan importantes para la operación de una red criminal, que una investigación judicial muy seguramente estará incompleta cuando se concentra únicamente en las acciones violentas y no entiende las relaciones y los apoyos políticos y económicos de la red. Como resultado, varios casos han permitido verificar el interés excesivo, por parte de las agencias de seguridad, de enfrentar la estructura coercitiva y violenta de una red criminal, sin prestar debida atención a las estructuras políticas y financieras.

A medida que hemos extendido nuestros proyectos de investigación a África y Europa del Este, se ha hecho cada vez más claro que los traficantes, sicarios y capos, es decir, *los criminales de tiempo completo,* son sólo la fracción visible y obvia de las redes criminales. Los líderes políticos, banqueros, funcionarios públicos y empresarios son otra parte indispensable de una red criminal porque proporcionan recursos estratégicos insustituibles con (i) la "legalización" de capitales de origen ilícito a través del lavado de dinero, (ii) la impunidad de la justicia mediante la corrupción, y (iii) la cooptación institucional y de funcionarios públicos mediante el financiamiento de campañas políticas y de partidos políticos, o mediante otros acuerdos de largo plazo. Estos últimos agentes son denominados *grises* u *opacos* porque se mueven entre la legalidad y la ilegalidad y porque facilitan la inserción de la criminalidad en determinadas instancias del Estado y la sociedad. Cuando las agencias de seguridad se concentran en investigar y enfrentar las estructuras violentas y a los *criminales de tiempo completo*, las estructuras políticas y económicas pasan desapercibidas y así garantizan la existencia y ampliación de las mismas redes criminales.

Con cada nuevo caso analizado también se ha hecho evidente que la complejidad de las redes criminales usualmente es mayor de lo que se reconoce. Como las agencias de seguridad tienden a omitir la importancia de las estructuras económicas y políticas que apoyan las redes criminales, entonces pierden de vista toda la complejidad que las sustenta. Por ejemplo, en 2010 en México se representaba públicamente a la "La Familia Michoacana" como una estructura piramidal rígida conformada por cerca de 15 agentes principales estrictamente criminales. No obstante, en nuestras investigaciones se identificaron más de 800 personas entre narcotraficantes y funcionarios públicos de diversos sectores y rangos, como parte de la misma estructura criminal que opera en red. La complejidad de "La Familia Michoacana", entonces, desbordaba y excedía los organigramas simplificados que circulaban en medios de comunicación de la época.

Precisamente por esta complejidad omitida, desarticular una macro-red criminal como El Cártel de Sinaloa o "Los Zetas" requiere investigar un elevado número de líderes políticos, funcionarios públicos y agentes del sector privado, a pesar de que las autoridades generen la idea de que bastaría capturar a un número reducido de criminales importantes para desmantelar la red. Aunque en efecto las acciones de las agencias de seguridad deben concentrarse estratégicamente en determinados agentes, usualmente la atención se concentra en los *criminales puros*. Como resultado, líderes políticos, funcionarios públicos y agentes poderosos del sector privado que proveen recursos indispensables a las redes criminales, no son investigados, juzgados ni sancionados.[19]

La complejidad de la red criminal

Omitir la complejidad conduce a la idea errada de que capturar unos pocos criminales es suficiente para desarticular completamente una macro-red como "Los Zetas". Como resultado, por ejemplo, durante muchos años se tuvo la idea de que capturar a "El Chapo" Guzmán Loera, líder del Cártel de Sinaloa, afectaría seriamente el narcotráfico en el Hemisferio. Sin embargo, la historia reciente ha mostrado que aunque los supuestos líderes de "La Familia", "Los Caballeros Templarios", "Los Zetas" y El Cartel de Sinaloa son constantemente capturados y reemplazados, el narcotráfico en México o en el Hemisferio no se desmantela ni afecta gravemente. En el mejor de los casos, estas capturas conducen al reacomodo y surgimiento de nuevas estructuras.

Las redes que persisten, como es de suponerse, tienen características que las hacen muy resistentes. Sin embargo, usualmente no se presta atención a esas características, y como resultado, algunos investigadores, fiscales, procuradores de justicia y jueces continúan enfrentando un crimen aislado, como un homicidio, de la misma manera como enfrentan un conjunto de crímenes sistemáticos, como masacres o corrupción masiva.

En últimas, como se verá, para entender la resiliencia de las redes criminales es necesario entender su complejidad y esto, a su vez, es requisito para adoptar medidas acertadas para enfrentarlas efectivamente. Omitir esa complejidad en el largo plazo conduce a escenarios en los que, mediante sofisticadas formas de cooptación, las redes criminales infiltran y manipulan de manera eficiente las instancias decisivas de Estados y sectores sociales. Por esto, con este libro proponemos una explicación acerca de la complejidad y resiliencia de las redes criminales; una explicación que se divide en 4 partes y 11 capítulos.

En el primer capítulo de la primera parte del libro se exponen conceptos básicos del análisis de redes criminales para explicar en detalle qué quiere decir que una red sea más resistente, o resiliente, que otra. Con base en esos conceptos, en el segundo capítulo se muestra que en algunas redes criminales actuales participa un número tan elevado y diverso de agentes, con interacciones tan disímiles, que su comprensión exhaustiva desborda las capacidades de análisis detallado del cerebro humano. Algunas redes criminales son tan complejas que es *prácticamente* imposible entenderlas con los procedimientos, enfoques y análisis tradicionales de información, los cuales, en muchos casos consisten en acumular miles de horas de narraciones y pruebas técnicas que por falta de capacidad para procesarlas y analizarlas comprensivamente, nunca son debidamente consideradas por fiscales o jueces.

Dada su complejidad, algunas redes criminales deben ser definidas y descritas como *macro-redes* para así destinar los recursos y procedimientos adecuados para entenderlas y confrontarlas. Por esto, en el segundo capítulo proponemos una definición del concepto *macro-red* criminal, para identificar aquellos fenómenos que no son correctamente diferenciados mediante el concepto tradicional de *crimen organizado*.

Con el tercer capítulo se inicia la segunda parte del libro, con la sección dedicada al análisis y descripción de la red de crimen y corrupción sistémica articulada por Fujimori y Montesinos en Perú. Específicamente se analiza una operación criminal en la que también participó la guerrilla colombiana de las FARC. Este caso, como se explicó, ilustra las características de una red con relativa baja resiliencia, las cuales fueron aprovechadas en su momento para lograr su desarticulación.

Para analizar de manera detallada el surgimiento, la estructura y la evolución de tan intrincada red peruana, José Ugaz Sánchez-Moreno, procurador especial cuyas investigaciones iniciaron el desmoronamiento del régimen de Fujimori, describe y revela en este libro, y por primera vez, los detalles y el contexto del fenómeno político y criminal encarnado en la red de Fujimori y Montesinos. De esta manera, en el cuarto capítulo se presentan las características de la red de crimen transnacional establecida por Vladimiro Montesinos para ejecutar una compleja operación de tráfico de armas que fueron suministradas a la guerrilla colombiana de las FARC en intercambio por cocaína. Al ser revelada esta sorprendente operación criminal, como se describe en el capítulo quinto, se dio un paso decisivo para la caída definitiva del entramado de corrupción establecido por Fujimori y Montesinos en el Perú. La caída del régimen, y algunas implicaciones en la vida institucional del Perú, se describen en el capítulo sexto.

El séptimo capítulo marca el inicio de la tercera parte del libro con la sección dedicada al análisis de la macro-red criminal "Los Zetas", una de las más conocidas en México y en otros países del Hemisferio Occidental gracias a su amplio rango de acción. Se cuenta en esta sección con la participación de Francisco Gómez Flores, destacado periodista mexicano que durante varios años ha investigado los detalles de la evolución, fragmentación y surgimiento de redes criminales mexicanas.

Para refutar la denominación errada de "Los Zetas" como un "cártel de narcotráfico", el presente análisis se concentra en entender la estructura y las actividades relacionadas con el tráfico de hidrocarburos, un negocio ilegal que es lo suficientemente lucrativo para llamar la atención de esta red criminal en varias regiones de México y Estados Unidos. Así, en el octavo capítulo se exponen las características de una estructura criminal de "Los Zetas" dedicada a esta actividad. Para finalizar la tercera sección, en el noveno capítulo se presentan las recientes investigaciones judiciales adelantadas en Estados Unidos y en México contra los miembros de "Los Zetas" que han participado en el tráfico ilegal de hidrocarburos que, como es de esperarse, involucra a funcionarios públicos en México y a empresarios en ambos lados de la frontera.

En la cuarta parte del libro se exponen las conclusiones teóricas y empíricas que resultan de los dos casos analizados. Se estudian los dos tipos de éxito criminal alcanzados por la red "Montesinos-FARC" y por la macro-red "Los Zetas"; es decir, se indaga por qué cada red logró sus respectivos niveles de infiltración y manipulación de instancias del Estado y la sociedad, en plazos distintos y con una clara diferencia en los efectos alcanzados. Sobre todo, se resalta cómo algunas redes criminales privilegian sus interacciones políticas y económicas por encima de sus interacciones estrictamente violentas y coercitivas, a medida que consolidan su poder frente a otras redes criminales y a algunos sectores de la sociedad. Esta explicación se hace para resaltar que la disminución de acciones violentas en algunas zonas dominadas por "Los Zetas" no significa, necesariamente, que la red esté debilitada, sino que estaría transitando hacia formas sofisticadas de interacción política y económica.

Las conclusiones aquí presentadas y discutidas no se restringen a los dos casos analizados, sino a redes criminales con similares características en estructura, concentración de información y resiliencia; por ejemplo, como se verá, la red "Montesinos-FARC" tuvo una estructura piramidal relativamente similar a la del Cártel de Medellín o el Cártel de Cali, mientras que la macro-red "Los Zetas" tiene una estructural de tipo horizontal similar a la del Cartel de Sinaloa.

Por último, en el capítulo 11 se plantea por qué es indispensable entender la complejidad de las redes y macro-redes criminales actuales, como una condición necesaria para proteger las instituciones públicas y privadas de varios países, que actualmente transitan hacia la incursión de redes criminales al interior del núcleo de su Estado. Específicamente se exponen tres recomendaciones que deberían estar en la base de cualquier esfuerzo por entender y enfrentar de manera efectiva las redes y las macro-redes que actualmente operan en el Hemisferio Occidental.

El hecho de que todos los países de América Latina cumplan actualmente con las características formales de la democracia, no significa que en sus niveles locales y regionales estén protegidos contra la infiltración política y económica del crimen, a tal punto que en la mayoría de países es necesario y urgente identificar, entender y actuar contra las estructuras criminales que manipulan los procesos democráticos. De lo contrario, seguirán avanzando los procesos de infiltración criminal que han afectado y dado forma, en distintos niveles y escalas, a la vida social, política y cultural de varios países de América Latina. La utopía realista de adoptar la cultura de la legalidad en América Latina parece aún lejana pero siempre realizable.

***

Como coordinadores y autores de este libro, agradecemos a José Ugaz Sánchez-Moreno por depositar su confianza en nosotros y aportar datos y documentos tan valiosos como los que se presentan en este libro, especialmente en la sección dedicada al análisis de la red criminal "Montesinos-FARC". Su compromiso con la transparencia y la divulgación de información para entender complejos fenómenos criminales que corrompen las instituciones formales e informales en el Hemisferio, fue indispensable para asumir la responsabilidad de hacer realidad el presente libro. También reconocemos con gratitud el aporte de Francisco Gómez Flores, quien una vez más nos acompaña con su conocimiento detallado acerca del surgimiento, dinámicas y transformaciones de las múltiples redes criminales que operan en

México. Agradecemos a Andrea Salcedo-Albarán por su paciencia y cuidadoso procesamiento de información, indispensables para elaborar los modelos que aquí se analizan, y a Diana Santos, quien se incorporó al equipo de Vortex y nos apoyó en la preparación de la versión final del libro.

Eduardo Salcedo-Albarán y Luis Jorge Garay-Salamanca
Junio de 2016

PARTE 1

ENTENDIENDO LAS REDES CRIMINALES

Capítulo 1

¿Por qué son tan resistentes las actuales redes criminales?

Por: Eduardo Salcedo-Albarán y Luis Jorge Garay-Salamanca

En el presente capítulo se presentan algunos conceptos necesarios para entender las características y operación de las redes criminales. Este conocimiento permite entender por qué las actuales redes criminales que operan a lo largo de varios continentes tienden a ser tan resistentes, o resilientes. Especialmente, la mayoría de las actuales redes criminales originadas en México y Colombia, se caracterizan por resistir las acciones de las autoridades, en el sentido de que siguen operando a pesar de las constantes capturas, muertes y reemplazos de líderes.

La pregunta acerca de la resiliencia de las redes criminales puede responderse de manera obvia: la corrupción, la cooptación y la demanda de drogas ilícitas son, sin duda, condiciones que facilitan la existencia y operación exitosa de las redes. Sin importar la cantidad de líderes capturados, estas condiciones favorecen la constante reproducción de redes criminales. No obstante, en la práctica esta respuesta es aún insuficiente para controlar y prevenir la acción de las redes criminales. Por este motivo, es importante entender cómo se configura la corrupción y la cooptación; es decir, quiénes son los agentes que participan y cuáles son las interacciones específicas de corrupción y cooptación que establecen esos agentes. Esto permite dilucidar, por ejemplo, el mayor o menor nivel de resiliencia como resultado de la estructura y el entorno político, social y económico de una red criminal. Actualmente es aún común que las autoridades se concentren en capturar al capo de turno, perdiendo de vista la complejidad de las sub-redes que conforman una red. También tiende a omitirse el importante rol de quienes conectan a la red criminal con los sectores legales de la sociedad. Por esto, es importante entender la estructura de la red, sus características individuales y su entorno.

A comienzos de la década de los noventa, en Colombia se desarticuló el que, en su momento, fue el grupo criminal más poderoso del narcotráfico mundial: El Cártel de Medellín. Aunque ello no implicó que el narcotráfico desapareciera en Colombia y mucho menos en el continente, este hecho se interpretó como un éxito del Estado colombiano. Desde ese momento varios países han buscado –y aún buscan– replicar "la experiencia colombiana". Es decir, aún se persigue el propósito de desarticular un cártel o una red criminal completa, sin entender que la estructura actual del narcotráfico y la complejidad de las redes criminales actuales hacen muy difícil replicar una desarticulación como la observada en Colombia.

Las actuales redes criminales, que ya no se limitan a ser carteles de narcotráfico, son más resilientes que las que operaron en la década de los 90s. Como se discute en los próximos capítulos, contrario a lo que usualmente se presenta en medios de comunicación, redes criminales como "Los Zetas", "Los Caballeros Templarios" o El Cártel de Sinaloa no están sólo conformadas por un capo y un grupo de sicarios, sino también por individuos y empresas que desde posiciones, negocios y cargos supuestamente legales proveen recursos a la red. Algo similar sucedía también durante los 80s y los 90s, pues la corrupción parece ser una constante de muchas sociedades. Sin embargo, el nivel de complejidad ha aumentado.

Una red criminal en realidad está conformada por cientos o miles de personas que no "desaparecen" de la sociedad tras la captura, muerte o "desarticulación" de un capo. Estos cientos o miles de personas, y otros factores que se discuten en las siguientes páginas, favorecen el nivel de "resiliencia"; es decir, la capacidad para existir y operar a pesar de las acciones de las autoridades.

Teniendo en cuenta el propósito de entender por qué algunas redes criminales son más "resilientes" que otras, el presente capítulo se divide en 5 secciones en las que se exponen los conceptos necesarios para analizar los casos de México y Perú que se presentan en las segunda y tercera partes del libro. Los métodos de análisis y los conceptos que se exponen a continuación permiten comprender y enfrentar la complejidad del crimen actual, pues están orientados a identificar y contrarrestar las fuentes de resiliencia, es decir, aquellas condiciones que hacen que una red criminal sea muy resistente.

Fuentes de complejidad en una red criminal

Las formas más complejas de crimen se caracterizan por (i) la variedad de agentes sociales involucrados, (ii) la diversidad de interacciones entre agentes y (iii) los efectos sobre *las instituciones* y la sociedad. Estas tres características básicas permiten identificar a la más compleja entre redes criminales comparadas.

La primera característica, *la variedad de agentes*, se refiere a que en la red participan funcionarios públicos y agentes del sector privado, adicionales a los criminales que por supuesto operan en la red. Muchas veces se supone que una red criminal sólo está conformada por criminales, pero la realidad muestra lo contrario, de manera que siempre es posible encontrar muchos "tipos" o "categorías" de agentes participando: funcionarios de todas las ramas y sectores de la administración pública, líderes políticos o agentes del sector privado que usan sus posiciones políticas o económicas privilegiadas para proporcionar recursos a los agentes puramente criminales.

Los agentes que operan desde los sectores legales de la sociedad para favorecer intereses criminales se definen como *grises u opacos* porque, al menos en principio, no son estrictamente legales (claros) ni ilegales (oscuros). Estos agentes representan la mayor fortaleza de las actuales redes criminales, de hecho, entre más tipos de agentes, sobre todo *grises*, participen en la red criminal, los recursos que la sustentan serán más variados y, por lo tanto, la red en conjunto operará de manera eficiente en distintos entornos.

La segunda característica, *la diversidad de interacciones,* se refiere a todas las formas de relación social o psicológica que dos personas pueden establecer: desde llamadas telefónicas hasta "saber algo" acerca de "alguien". Como lo muestra la experiencia diaria, dos personas pueden relacionarse de distintas maneras: por vínculos familiares, sobornos, violencia o estableciendo vínculos de amistad, entre otros. Todas estas posibles formas de interacción sustentan también la operación de una red legal o ilegal. Por este motivo, entre más interacciones establecen los distintos agentes que conforman una red criminal, más opciones de interacción podrán emplearse para que los recursos y la información fluyan a pesar de los ataques o choques externos.

Para comparar redes que operan en varios países, como las que se analizan en este libro, las interacciones se han agrupado en tres categorías o dimensiones principales: una consiste en interacciones de violencia y coerción, otra en interacciones políticas y otra en interacciones económicas y financieras. Cuando cada categoría se grafica, puede diferenciarse y observarse cada *estructura*; es decir, la estructura conformada por las interacciones coercitivas, la configurada por las interacciones políticas y la constituida por las interacciones financieras o económicas de la red criminal. Como es de suponerse, algunas interacciones no pueden clasificarse en estas tres categorías, sin embargo, en la mayoría de redes criminales modeladas y analizadas en países del Hemisferio Occidental, Europa del Este y África, se han identificado estas 3 dimensiones principales y básicas de interacción.

La tercera característica, *los efectos institucionales*, se refiere al nivel de cambio, reconfiguración y manipulación que las redes criminales logran sobre las instituciones políticas y económicas de un Estado, incluyendo al sector privado y al público. Para entender dicho efecto es importante recordar que *instituciones* no sólo se refiere a las entidades del Estado y a los funcionarios públicos, sino en general al conjunto de normas formales e informales que rigen la conducta social: formales como las leyes del código penal, e informales como las costumbres. En este sentido, se entiende que algunas formas de crimen, más que otras, afectan gravemente las instituciones, incluso las informales, hasta moldear las costumbres de una sociedad.

Teniendo en cuenta el cambio institucional logrado por una red criminal puede entonces compararse el nivel de impacto. Por ejemplo, un asalto callejero aislado es reprochable moralmente y tiene graves consecuencias sobre la víctima pero, por sí mismo, de manera aislada y en el corto plazo, tiene moderadas consecuencias en el sistema social; excepto si es generalizado, caso en el que ya habría afectado las instituciones informales, hasta convertirse en una costumbre.

A diferencia de los efectos institucionales que resultan de un asalto aislado, un acuerdo entre congresistas para aprobar una ley que protege intereses excluyentes de un grupo económico o criminal, no sólo merece rechazo moral sino que tiene implicaciones negativas para todo el sistema social, al afectar las instituciones formales, es decir, al afectar las normas y reglas de juego. En este sentido, los efectos institucionales que resultan de la corrupción o de la cooptación de congresistas son mucho más graves que los que resultan de un asalto callejero aislado.

Como es de suponer, entre más congresistas participen en una red criminal pueden esperarse más graves efectos institucionales negativos. Algo similar puede esperarse si es un presidente quien participa directamente en la red. Adicionalmente, formas de crimen como el narcotráfico pueden afectar instituciones formales como la formulación de leyes, mediante sobornos y amenazas, e instituciones informales y costumbres, por la cantidad de dinero que involucran. Como resultado, actualmente en México, como en varios países del Hemisferio Occidental, es común hablar de *narco-cultura* para referir la adopción social masiva de las conductas y objetivos promovidos por el narcotráfico.

Perdurabilidad

Las formas complejas de crimen –diversas en sus agentes involucrados, en sus interacciones y con efectos estructurales en las instituciones– requieren relaciones e interacciones perdurables, poco evidentes, clandestinas, *opacas* o con apariencia de legalidad. Como se verá en el presente libro, cuando una red quiere lograr objetivos criminales de largo plazo, dichas formas de interacción son más eficientes que un soborno. Por ejemplo, como se discute en la última parte de este libro, el uso de sobornos fue una debilidad de la red "Montesinos-FARC", mientras que la red "Los Zetas" actualmente tiende a reemplazar los sobornos por acuerdos estables y permanentes con líderes políticos y otros agentes sociales.

Las redes dedicadas a formas complejas de crimen requieren permanentes recursos económicos, políticos, sociales, institucionales y tecnológicos provenientes de sectores legales de la sociedad. Dichos recursos pueden ser, por ejemplo, insumos químicos proporcionados por importadores y exportadores, contactos institucionales y políticos facilitados por directores de partidos y movimientos políticos, información privilegiada suministrada por policías municipales para proteger narcos, o asesoría brindada por un banquero para lavar dinero. Sin estos recursos ningún grupo criminal podría operar con éxito, menos aún en el largo plazo.

Los recursos requeridos por los grupos criminales fluyen de manera eficiente cuando se establecen interacciones o relaciones sociales permanentes con distintos tipos de agentes, que operan en sectores legales e ilegales de la sociedad. Este es el caso porque los agentes criminales requieren recursos que sólo los sectores legales proporcionan, de manera que deben interactuar con funcionarios, empresarios y políticos.[20] Esos agentes y sus interacciones pueden ser analizados como "redes", es decir, como un conjunto de agentes –legales, ilegales y *grises*– que interactúan para intercambiar recursos financieros, políticos y sociales que fluyen a través de individuos, empresas y entidades.

La reconfiguración del Estado

Cuando las redes criminales alcanzan cierta complejidad y establecen vínculos con agentes que operan en posiciones privilegiadas de la administración pública o del sector privado, las reglas del juego social, las leyes e incluso las costumbres, comienzan a favorecer intereses criminales. Es decir, los efectos institucionales son drásticos.

Estas situaciones, que sólo son posibles mediante interacciones permanentes y de largo plazo entre agentes que operan en los sectores legales e ilegales de la sociedad, y que son más complejas y socialmente perjudiciales que la corrupción tradicional, han sido denominadas como Reconfiguración Cooptada del Estado[21]:

> La Reconfiguración Cooptada del Estado es la acción de organizaciones legales e ilegales que mediante prácticas ilegítimas, de doble vía, modifican, desde dentro del Estado y del sector privado, el régimen político y económico de manera sistémica e influyen en la formulación, modificación, interpretación y aplicación de las reglas de juego y de las políticas públicas, para obtener beneficios sostenibles y lograr que sus intereses sean validados política y legalmente, así como legitimados socialmente en el largo plazo, aunque no obedezcan al interés rector del bienestar social.

En este sentido, la Reconfiguración Cooptada del Estado se refiere a procesos en los que sectores criminales cooptan y son cooptados por agentes privados y públicos para modificar y utilizar las instituciones en un Estado.

En una etapa inicial, conocida como Captura del Estado[22], los funcionarios públicos son *capturados* por grupos económicos. Es decir, los funcionarios públicos comienzan a trabajar para favorecer a un grupo económico que, por supuesto, opera por fuera del Estado. No obstante, en situaciones de crimen intenso, identificadas y analizadas en varios países, ya no se observa *captura* sino *cooptación* porque las partes involucradas coordinan mutuamente algunos de sus intereses. Así, en situaciones de cooptación los agentes que son funcionarios públicos y aquellos del sector privado no trabajan *para* los criminales sino *con* los criminales. En estos casos, agentes de los sectores público y del privado coordinan sus intereses y acciones con agentes o grupos criminales para conseguir sus objetivos.

Análisis de redes criminales: agentes e interacciones

A pesar de la naturaleza clandestina u *opaca* de estos fenómenos, hay fuentes y métodos para entender las redes criminales, específicamente, para identificar quién participa y cómo interactúa. Por ejemplo, a los procesos judiciales, las investigaciones periodísticas y otras fuentes directas se les puede aplicar el Análisis de Redes Sociales para modelar estructuras de redes criminales. Así, el Análisis de Redes Sociales permite entender las características específicas de las interacciones y el papel de los agentes participantes.[23]

Las estructuras de las redes criminales pueden graficarse mediante nodos que representan individuos o empresas, y líneas que representan las interacciones entre los nodos. Esos individuos o empresas son, en general, agentes sociales con capacidad de decisión, es decir, con *agencia moral*. Por lo tanto, en adelante, cada agente será representado con un nodo, motivo por el que se usará el término *nodo/agente* para referir cada individuo o empresa que participa en una red criminal.

Mediante el análisis de redes sociales aplicado al crimen es posible identificar características como (i) el nodo/agente más conectado, denominado *hub*, (ii) el nodo/agente que más interviene en los flujos de información y recursos de la red, denominado *puente estructural*, (iii) los tipos de agentes que participan en la red, (iv) los principales tipos de interacciones establecidas, (v) las sub-redes distintivas que componen la red y (vi) la intensidad de las interacciones, entre otras características que se discuten y exploran en los siguientes capítulos. De estas características, las dos primeras se refieren a criterios de centralidad que informan acerca de los roles más importantes de la red.

Para identificar al nodo/agente más conectado, que establece la mayor cantidad de interacciones directas en la red, se calcula el indicador de centralidad directa (*centrality degree*).[24] Por otra parte, para entender quién es el nodo/agente que más interviene en los flujos de información y recursos de la red, se calcula el indicador de intervención *(betweenness)*.[25]

En conjunto, ambos indicadores permiten entender la estructura de interacciones directas y de rutas indirectas de información y recursos en la red. Entender las relaciones indirectas es importante porque los individuos no sólo se "conectan" psicológica y socialmente de manera directa. Por ejemplo, Luis puede interactuar directamente con Carlos, un compañero de trabajo, y Carlos puede interactuar directamente con María, su amiga en el gimnasio. Si Carlos informa a Luis lo que habla con María, aún sin conocerla, Luis se "conecta" indirectamente con ella y accede a información acerca de ella. En este caso se establece una ruta geodésica de información que conecta a Luis con María a través de Carlos.

Las conexiones directas e indirectas son importantes para entender las redes criminales. Por ejemplo, si Luis es funcionario de la policía municipal y María es una importante líder narcotraficante, entonces Carlos puede actuar como *puente estructural* y conectar a Luis con María mediante una ruta geodésica. Carlos puede proporcionarle a María información privilegiada que él obtiene conversando con Luis, y viceversa. Aún sin conocer a Luis, María podría enterarse de que un grupo especial de la policía visitará la ciudad para ejecutar un operativo o, aún sin conocer a María, Luis podría enterarse que un importante cargamento de drogas saldrá de la ciudad. En este ejemplo, el flujo de información es posible gracias a que Carlos actúa como puente estructural y, sin ser policía, narcotraficante o tener muchas conexiones, es un agente relevante en la red. Este rol es importante porque incluso *"algunos individuos con conexiones débiles (…), pueden aún ser indispensables para ciertas transacciones"*.[26]

De hecho, agentes con conexiones débiles pueden ser más importantes para algunos fines, que aquellos con conexiones fuertes. Por ejemplo, cuando una red "se cierra" en sus interacciones, de manera que todos los nodos/agentes se conocen e interactúan mutuamente, la información se vuelve redundante.[27] En esta situación de información redundante, definida como un *cliqué,* las redes se aíslan y aumentan sus probabilidades de fracaso, por lo que basta una conexión débil con otra red para permitir el flujo de nueva información y de nuevos recursos entre redes que estaban desconectadas. En estos casos, el puente estructural, a pesar de tener pocas conexiones directas, se vuelve aún más importante que el nodo/agente más conectado porque *"(…) entre mayor sea la capacidad actual o potencial para intermediar entre todos los miembros de la red, mayor será su control sobre los flujos de comunicación."*[28] El Grafo 1 ilustra a un nodo/agente actuando como puente estructural, el cual, gracias a sólo dos interacciones directas, puede arbitrar y decidir qué información fluye entre las dos sub-redes que estaban mutuamente desconectadas.

Grafo 1. Dos *cliqués* conectados mediante un nodo/agente

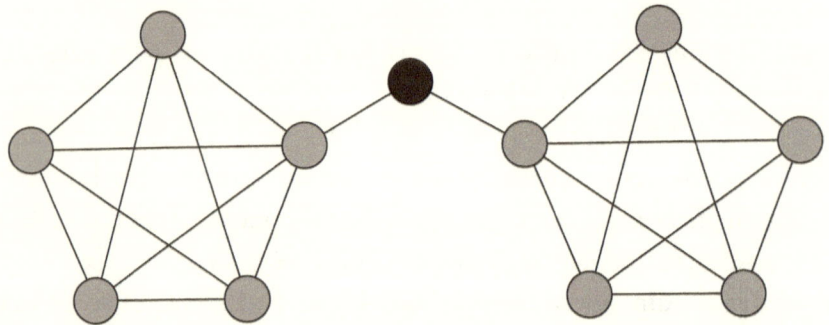

Fuentes de resiliencia

La resiliencia se refiere a la capacidad de una red para resistir los cambios generados por el entorno. En el caso de las redes criminales, "el entorno" se refiere principalmente a agentes externos a la red, como las agencias de seguridad de un Estado. Esto quiere decir que la resiliencia se refiere a la capacidad que tiene la red criminal para auto-organizarse o reagruparse luego de sufrir determinada desarticulación y perturbación generada por agentes externos: *"resiliencia es la capacidad para sobrevivir los cambios del ambiente y el ataque directo."*[29]

No hay definición o medición única de la resiliencia de una red, de manera que la ecología, la criminología y la teoría organizacional, entre otras disciplinas, adscriben distintos sentidos de resiliencia.[30] A pesar de que no haya una definición única del concepto, la definición de resiliencia como *la capacidad para sobrevivir los cambios del ambiente* es suficiente para concluir que, por ejemplo, "Los Zetas", El Cartel de Sinaloa o las FARC, son redes criminales muy resilientes porque constantemente se tiene noticia de capturas y muertes de sus líderes y, no obstante, continúan operando de manera relativamente eficiente, incluso a nivel transnacional.

En física y en química se entiende resiliencia como la *"habilidad que tienen determinados materiales para regresar a su forma luego de un desplazamiento."*[31] En este sentido, la resiliencia se mide como el tiempo requerido para que un sistema regrese a su estado de equilibrio, suponiendo que todo sistema tiene un estado de equilibrio. Sin embargo, un sistema puede tener varios estados de equilibrio, por lo cual la ecología propone otro criterio de resiliencia como *"la cantidad de perturbación que el sistema puede absorber antes de que (...) adopte un nuevo estado."*[32]

Ahora bien, todos los sistemas y redes sociales enfrentan constantemente algún nivel de *crisis* o perturbación. En este sentido, la resiliencia de una red social, incluso criminal, se refiere a la capacidad para adaptarse a esa constante perturbación mediante las siguientes condiciones:[33]

(i) Una buena proporción de los nodos/agentes de la red debe ser diversa en sus características psicológicas y roles, es decir, debe haber diferentes tipos de nodos/agentes.

13

(ii) Una importante proporción de las interacciones que establecen los nodos/agentes también debe ser diversa.

(iii) Al menos algunos nodos/agentes deben haber desarrollado elevados niveles de confianza mutua.

Otras características también son fuente de resiliencia de una red, a saber: (i) Contar con una jerarquía mínima y fácilmente adaptable que garantice orden en la transmisión de información y liderazgo en la comunicación de los principios que rigen la red, (ii) fragmentación y aislamiento de porciones relevantes de información, (iii) redundancia en algunos sectores de la red, (iv) creatividad en la transmisión de información, (v) existencia de historias y orígenes comunes entre algunos nodos/agentes, y (vi) aprendizaje organizacional mediante acumulación de experiencia y codificación del conocimiento.[34] Adicionalmente, el contexto en el que opera la red debe facilitar la transferencia de tecnología criminal[35], y para ello se debe contar con algún apoyo, al menos parcial, de la comunidad donde opera la red.[36]

Fuentes de vulnerabilidad

Con lo expuesto hasta ahora puede entenderse que capturar al "capo" de una red criminal no implica, necesariamente, que la red criminal desaparezca porque hay múltiples condiciones que sustentan el funcionamiento de una red criminal. Algunas de esas condiciones son intrínsecas a la red, relacionadas con su propia estructura, mientras que otras radican en el entorno. A pesar de esas múltiples condiciones, las agencias de seguridad usualmente centran su atención en capturar al capo de turno, es decir, al nodo/agente más conocido y más conectado de la red, omitiendo la importancia de los puentes estructurales que con pocas conexiones facilitan el flujo de recursos indispensables para que opere la red.

Como se señaló al comienzo del capítulo, las relaciones permanentes que caracterizan los procesos criminales complejos deben ser clandestinas o, al menos, tener apariencia de legalidad. En este sentido, las interacciones permanentes con nodos/agentes *grises* son indispensables para garantizar la eficiencia de la red criminal. Sólo en la medida en que los recursos fluyan de manera eficiente entre los sectores legales e ilegales, una red criminal puede ser muy resiliente.

Por este motivo, cuando un capo se ha convertido en "el más buscado" del momento, perseguido estrechamente por las autoridades, ya no puede ejercer su liderazgo debidamente y ello afecta negativamente los flujos de recursos en la red y, por lo tanto, su nivel de resiliencia, a no ser que se adopten oportunamente cambios en la estructura de la misma red.

Por ejemplo, "La Tuta", quien antes de ser capturado era el líder de "Los Caballeros Templarios", durante 2014 demostró ser muy eficiente arbitrando información y recursos entre sectores legales e ilegales de la sociedad mexicana; esto se evidenció en fotografías y videos con líderes políticos y funcionarios públicos que constantemente aparecían en medios de comunicación. Sin embargo, al convertirse en el blanco de interés de las autoridades y de los medios de comunicación, su rol probablemente afectó el funcionamiento de la estructura criminal. Muy seguramente fue entonces necesario para la red criminal establecer flujos de recursos en los que no interviniera "La Tuta", mediante algún otro nodo/agente que pasara desapercibido frente a medios de comunicación y agencias de seguridad. El rol de este nodo/agente se revelará a medida que la estructura criminal de "Los Caballeros Templarios" opere sin el liderazgo explícito de "La Tuta", tras haber sido capturado en marzo de 2015. Algo similar sucederá con "Los Zetas", tras la captura del capo "Z-42", Omar Treviño, pues ambas redes son lo suficientemente complejas como para desarticularse tras la captura de algunos de sus capos.

En este sentido, si lo que se busca es desarticular una red criminal, resulta importante pero claramente insuficiente capturar al capo de turno, porque dicho capo es, en el mejor de los casos, sólo una de las fuentes de resiliencia de la red. Por lo tanto, es necesario prestar también atención a las demás fuentes de resiliencia para convertirlas en fuentes de vulnerabilidad, por ejemplo, disminuyendo la rapidez de la comunicación de la información, la agilidad en la toma de decisiones y la eficacia operativa de la red.[37] Sin duda, es fundamental identificar, entender y neutralizar al conjunto de nodos/agentes que tiene el poder para arbitrar información sin ser el *capo* más conocido o el más conectado, es decir, al conjunto de nodos/agentes que operan como puentes estructurales en la red.

Los líderes de una red criminal

Las acciones al interior de una red criminal se desarrollan a partir de la percepción de liderazgo, así como la cantidad y calidad de información a la que accede cada nodo/agente. Sólo pocos nodos/agentes acceden a información confiable y recursos de buena calidad, y quienes pueden hacerlo son interpretados por los demás miembros como "poderosos"[38] o "líderes". Por este motivo, cuando una agencia de seguridad pretende confrontar de manera efectiva una red criminal, debe no sólo prestar atención a los datos acerca de los miembros de la red y sus interacciones, sino también a cómo esos miembros se perciben mutuamente pues, en buena medida, de esta percepción depende quiénes actúan como líderes y quiénes dictan instrucciones.

En este sentido, algunas características asociadas al liderazgo de una red serían, entre otras: tener experiencia en las actividades desarrolladas por la red, ser extrovertido, enfrentar elevados niveles de estrés, interactuar, guiar y persuadir a otros.[39] Estas características, o "marcadores" sociales y psicológicos, son útiles para identificar y predecir a potenciales líderes que siempre emergen en una red resiliente que continúa operando luego de un determinado cambio o perturbación.

La estructura cognitiva de los líderes de la red

Son tan importantes las capacidades cognitivas de los líderes y los miembros de una red criminal que para generar vulnerabilidad es importante determinar (i) *quién sabe qué*, discriminando el tipo de información al que puede acceder cada nodo/agente, y (ii) *quién está haciendo qué,* entendiendo las interacciones específicas de cada nodo/agente. Es decir, es importante saber con quién y de qué manera interactúa cada nodo/agente, para así entender el tipo de recursos que fluyen gracias a cada rol. Por ejemplo, algunos narcotraficantes se caracterizan por ser violentos, ordenando y ejecutando asesinatos, mientras otros se caracterizan por actuar con menos violencia, pagando sobornos o estableciendo acuerdos con políticos y empresarios.

Aún más importante, es necesario identificar estos roles y perfiles no sólo para los nodos/agentes estrictamente criminales, sino para aquellos que operan desde sectores legales de la sociedad, pues son ellos quienes proporcionan recursos indispensables para la existencia y resistencia de la red. Sólo así se pueden entender las características y la fortaleza o debilidad de las estructuras política, económica y de violencia, para así saber cómo deben proceder las agencias de seguridad para confrontar y desarticular cada tipo de estructura.

Por este motivo, los protocolos y procedimientos propios del Análisis de Redes Sociales son casi indispensables para identificar y entender el rol de cada nodo/agente, las características de cada estructura y los recursos que fluyen a través de la red. Sin embargo, usualmente las agencias de seguridad tienden a aplicar dichos protocolos y procedimientos de manera equivocada, limitándose a graficar una sola red, para un determinado momento, con base en información acumulada durante una investigación. La gráfica puntual de una red criminal es una ayuda importante para entender estructuras, pero es claramente insuficiente para la práctica judicial por los motivos que se discuten a continuación.

La red criminal es un proceso: El Cártel de Medellín

Las gráficas de redes, o *grafos*, como las que se presentan en este libro y como las que usan algunas agencias de seguridad, son "fotografías" que ilustran una situación en un momento específico. Sin embargo, una red criminal es siempre dinámica, con escasos y extraños momentos de estabilidad. Por este motivo, el análisis de redes criminales ejecutado por las agencias de seguridad debe ser también dinámico y no puntual para una determinada investigación o, peor aún, para una determinada operación policial.

Precisamente la aplicación de protocolos de análisis e investigación limitados a operaciones para capturar un capo o un grupo específico de criminales, lleva a interpretar las redes criminales como fenómenos puntuales y no como lo que realmente son: procesos históricos, sociales, económicos y políticos en constante cambio. Sólo cuando las agencias de seguridad entienden esto, están en capacidad de aplicar los procedimientos necesarios para predecir y prevenir los cambios que podrían reproducirse en una estructura criminal después de la captura o muerte de algunos de sus capos.

En general, la falta de entendimiento acerca de la complejidad, las fuentes de resiliencia y vulnerabilidad de una red criminal, así como el insuficiente conocimiento de sus subestructuras, llevan al grave error de suponer que una red criminal compleja puede desarticularse totalmente con la captura o desaparición de algunos agentes, sin avanzar en la desarticulación de las estructuras de relaciones entre agentes. En efecto, una red criminal en la que participan cientos de personas no puede desarticularse completamente, ni esos cientos de personas pueden ser capturadas simultáneamente. Siempre habrá estructuras de confianza, amistad o familia que perdurarán incluso después de las acciones judiciales. Esas estructuras perdurables seguramente dan paso a nuevas estructuraciones de una misma red; por ello, para entender el grado de desestabilización de una red tras la captura o desaparición de algunos líderes, es necesario entender su capacidad de adaptación.[40]

Los nodos/agentes acumulan conocimiento que no siempre es codificado y transmitido al resto de la red. De hecho, algunas veces un nodo/agente puede ser tan poderoso, siendo a la vez el más conectado y el puente estructural, que cuando desaparece se genera la sensación de desarticulación de la red.[41] Esto es lo que sucedió, por ejemplo, cuando Pablo Escobar fue dado de baja en 1993; concentraba tanto las interacciones de la red como el tránsito de información y recursos, que cuando desapareció fue casi imposible reconstruir la estructura criminal. Además, sus capacidades cognitivas y de persuasión hacían que los demás miembros del Cártel de Medellín lo percibieran e identificaran como un líder, de manera que sus sicarios se limitaban a cumplir órdenes. En este sentido, la resiliencia del Cártel de Medellín era relativamente baja y por esto la red se desarticuló cuando murió su líder, dando paso a estructuras criminales nuevas. Sin embargo, esto no impidió que porciones de recursos que no desaparecieron con Pablo Escobar, como información, conocimiento, dinero o amistades con políticos, fueran usados por otros agentes criminales para continuar actividades de narcotráfico en Colombia.

Por otra parte, cuando hay altos niveles de conocimiento acumulado por la red en conjunto, y no únicamente por un individuo, remover un nodo/agente sólo lleva a la rápida sustitución con uno o unos nuevos líderes que, contando con experiencia, personalidad adaptable y capacidad cognitiva, procesen rápidamente el conocimiento y relaciones que habían sido acumulados por la red en conjunto. Esto quiere decir que "*el nuevo líder que emerge no puede ser predicho sólo a partir de la red social*",[42] ni sólo por las capacidades cognitivas individuales. En realidad, la existencia y la aparición de un nuevo capo están asociadas a las características de la estructura, la historia de la red, las capacidades cognitivas individuales y los niveles de aprendizaje y comunicación de la red en conjunto.

Teniendo en cuenta lo expuesto hasta ahora, en la segunda y tercera parte del libro se analizarán redes criminales a la luz de los conceptos aquí presentados. Especialmente se podrá observar qué tan importante es entender las características de una red criminal para identificar sus verdaderas fuentes de resiliencia y vulnerabilidad y, sobre todo, para aceptar que éstas no son fenómenos puntuales que aparecen y desaparecen súbitamente en una sociedad, sino que son procesos permanentes, con causas y efectos económicos, políticos y sociales.

Gracias a la aplicación de métodos que permiten identificar tanto los rasgos de la estructura, como las características específicas de las interacciones, sólo recientemente se ha comenzado a entender las verdaderas implicaciones sociales e institucionales de las redes criminales, investigando la formación y funcionamiento de algunas redes tan complejas y variadas, que su comprensión desborda las capacidades de análisis del cerebro humano. Dos ejemplos de dichas redes, definidas como *macro-redes,* se discuten en el siguiente capítulo.

Capítulo 2

Macro-criminalidad: Superando el concepto de "Crimen Organizado"

Por: Eduardo Salcedo-Albarán y Luis Jorge Garay-Salamanca

Como se verá con los dos casos que se analizan en la segunda y tercera partes del libro, las redes criminales tienen diferentes niveles de complejidad. Por ahora basta reconocer que algunas redes son más complejas que otras y que esta complejidad se traduce en mayor dificultad para entender, enfrentar y desarticular el crimen. Así, entonces, resulta indispensable indagar por qué hay unas redes más resilientes que otras y, sobre todo, por qué hay unas redes cuya compresión supera las capacidades de análisis del cerebro.

Con lo señalado en el anterior capítulo puede entenderse que los niveles de resiliencia se asocian con qué tan difícil es desarticular una red criminal, lo cual también está directamente relacionado con el nivel de centralidad de la red: redes criminales con información centralizada en un sólo nodo/agente, *ceteris paribus*,[43] tienen menores niveles de resiliencia y son más susceptibles de ser desarticuladas. A su vez, dicha resiliencia también está relacionada con otras características que determinan la complejidad de una red, como la cantidad y variedad de nodos/agentes, de interacciones y de sub-redes componentes.

Los límites para entender las redes criminales

Aceptar que algunas redes son más complejas que otras, lleva a reconocer que algunas pueden ser *muy* complejas. De hecho, como se verá, una red puede ser tan compleja que su análisis desbordaría la capacidad normal del entendimiento humano. A manera de ilustración, la cantidad y variedad de nodos/agentes e interacciones determina en buena medida la complejidad de una red y, por lo tanto, lo difícil que es entenderla. Así, si bien es posible memorizar y entender una red conformada por 10 nodos/agentes, resulta difícil hacerlo en el caso de una conformada por 50; sin embargo, memorizar y entender los roles e interacciones de 1000 personas es una tarea casi imposible de completar para el cerebro humano. De hecho, el antropólogo Robin Dunbar ha encontrado que para el ser humano es casi imposible recordar, entender y reconocer una red social, criminal o no, en la que participen más de 150 personas aproximadamente.[44] Adicionalmente, en sus investigaciones más recientes, Robin Dunbar ha argumentado que esas 150 personas están distribuidas en varias capas de cercanía y afinidad emocional.[45]

Por lo anterior, sin herramientas para integrar y analizar amplias cantidades de información que narran las interacciones entre nodos/agentes, e identificar y entender los patrones de esas interacciones, resulta casi imposible para una persona normal comprender una red criminal conformada por más de 150 nodos/agentes. En el último caso hay por lo tanto severos límites cognitivos, por lo que es necesario recurrir a métodos de análisis y herramientas computacionales. En el caso de *macro-redes* o redes de *macro-criminalidad*, que son redes *muy* complejas conformadas por elevadas cantidades de agentes, es difícil y casi imposible identificar y analizar sus estructuras sin acudir a herramientas que complementen las capacidades del cerebro humano.

De hecho, algunas agencias de investigación, como la Fiscalía General de la Nación en Colombia, han adoptado recientemente el concepto de *macro-criminalidad* para señalar y reconocer la existencia de fenómenos criminales que son *muy* complejos cuando se comparan con otras redes criminales que, en sí mismas, son ya difíciles de identificar, entender y desarticular.

Aún sin que la Fiscalía General de la Nación en Colombia haya definido un criterio o número absoluto para determinar cuándo una red criminal comienza a ser "macro", la agencia ha usado el concepto de macro-criminalidad para referir aquellos procesos criminales en los que participan cientos de personas. Esta noción de "macro-criminalidad" se basa en el hecho de que es más complejo y difícil entender una red criminal en la que participan miles de nodos/agentes, entre víctimas y victimarios, que establecen miles de interacciones de distinto tipo, en comparación con una red criminal en la que participa un número relativamente reducido de nodos/agentes con pocas interacciones.

Por qué es importante identificar y diferenciar macro-redes criminales

Es legítimo cuestionar si el concepto *macro-red* es una simple sofisticación lingüística o si hay alguna implicación práctica y útil en su adopción. Como se verá en los siguientes capítulos, reconocer que una red criminal es *muy* compleja, o más compleja que otra red, permite reconocer que investigar, juzgar y sancionar algunas situaciones de criminalidad requiere capacidades excepcionales de carácter cognitivo y de enfoque jurisprudencial. En este sentido, adoptar el concepto de redes criminales complejas no es una simple elegancia del lenguaje, sino una condición indispensable para asignar correctamente los recursos de investigación, juzgamiento y sanción requeridos para enfrentar el crimen complejo. Cuando gobiernos y agencias de seguridad niegan u omiten la existencia de macro-criminalidad, tienden a usar el mismo enfoque de investigación, juzgamiento y sanción para abordar situaciones esencialmente diferentes como aquellas que constituyen un delito aislado, como un homicidio callejero, y otras que consisten en la ejecución sistemática de delitos por parte de una estructura criminal organizada, como masacres.

Por obvias razones políticas, los gobiernos de turno y sus autoridades tienden a negar la existencia de redes de macro-criminalidad, ni aceptan fácilmente la responsabilidad de enfrentar la complejidad de una red criminal conformada por numerosos criminales, funcionarios públicos y agentes del sector privado. En lo posible, siempre les será preferible a las autoridades de turno, reiterarse en la idea de que el crimen es de baja escala, esporádico y poco complejo.

Como se verá en la segunda parte del libro, esta constante negación sucedió en Perú cuando Fujimori fue presidente, y sólo fue posible enfrentar y desarticular aquella red criminal cuando se reconoció su verdadera complejidad. Como resultado de este reconocimiento, unos pocos funcionarios públicos comprometidos con esclarecer la verdad judicial, enfocaron los escasos recursos disponibles para entender el rol y las interacciones del nodo/agente más relevante que operaba tras el poder de la Presidencia de la República, a saber: Vladimiro Montesinos.

Algo similar sucede aún hoy en buena parte de México a pesar de creciente evidencia que sustenta la existencia de macro-redes criminales que operan *a través* del país, articuladas mediante sobornos y complicidad o cooptación masiva de funcionarios públicos y otros agentes sociales. La negación de la complejidad llega al punto en que las constantes masacres y homicidios se interpretan como hechos aislados, ejecutados por "vándalos",[46] y no como un complejo sistema criminal en el que converge la interacción de numerosos funcionarios públicos, agentes del sector privado y agentes estrictamente criminales.

En conclusión, negar la existencia de redes de macro-criminalidad es obstáculo para entender, investigar, juzgar y sancionar efectivamente delitos que están mutuamente relacionados y que corresponden a un sistema criminal complejo, consecuente con el accionar de redes complejas, conformadas por nodos/agentes que no son exclusivamente criminales, quienes establecen interacciones que tampoco son exclusiva y abiertamente ilícitas. Los tradicionales crímenes contemplados en el código penal, las tradicionales técnicas de investigación y juzgamiento, tienden por lo tanto a ser insuficientes al momento de enfrentar el crimen complejo. De hecho, macro-redes que operan con información privilegiada gracias al favorecimiento de agentes privados, líderes políticos y altos funcionarios del Estado, y que actúan a escala transfronteriza, fácilmente desbordan los enfoques tradicionales adoptados por cualquier investigador, fiscal, procurador o juez.

Más allá del concepto de crimen organizado

Para entender la complejidad de algunas situaciones criminales, funcionarios públicos, investigadores, periodistas, analistas e incluso científicos sociales usan de manera indiscriminada el concepto de "Crimen Organizado" o "Delincuencia Organizada", aún sin entender muy bien los niveles y formas específicas de interacción social que se establecen durante la operación de un grupo criminal que es "organizado". Esto, al punto de que, por ejemplo, en la *Convención de las Naciones Unidas contra la delincuencia organizada transnacional* se entiende por grupo delictivo organizado a "*un grupo estructurado de tres o más personas que exista durante cierto tiempo y que actúe concertadamente con el propósito de cometer uno o más delitos graves*"[47]. En su extremo, un grupo criminal de apenas tres nodos/agentes, con un máximo de 3 interacciones sin dirección, o 6 interacciones con dirección, dista mucho del nivel de complejidad que enfrentan la mayoría de países donde se registran redes criminales con cientos de nodos/agentes, interactuando para realizar múltiples acciones de índole criminal y aun aparentemente legal. Por lo tanto, parece inadecuado analizar bajo la misma categoría de "crimen organizado" a una red de tres nodos/agentes que ejecuta un delito aislado, y una red de 313 nodos/agentes con sofisticados procesos para traficar drogas e hidrocarburos a escala transnacional y para cooptar funcionarios públicos de alto nivel, como la red mexicana que se analiza en la tercera parte del presente libro.

Como resultado de la simplificación exagerada que resulta del concepto "crimen organizado", usualmente ante los medios de comunicación se presentan gráficos piramidales de "bandas de crimen organizado", con jerarquías verticales irrestrictas. Así, se genera la idea errada de que las redes criminales son organizaciones piramidales con una cadena de mando rígida[48] y conformadas únicamente por criminales, pues usualmente en esos análisis simplificados no aparecen líderes políticos, banqueros, empresarios y funcionarios públicos que apoyan directa o indirectamente la red criminal.

En general, el concepto de "crimen organizado" y sus correspondientes gráficos similares a los organigramas de empresas públicas y privadas, son exageradamente simplificados e impiden reconocer las características más importantes de las redes criminales, como es la participación de nodos/agentes que operan desde el sector legal de la sociedad, la relevancia de interacciones que no son estrictamente criminales y la capacidad de descentralización y especialización por grupos de nodos/agentes. Dicha especialización, como se verá, tiende a ser indispensable para ejecutar actividades diversas y así coordinar sub-redes complementarias, por ejemplo, sub-redes especializadas en tráfico de drogas, lavado de activos, extorsión y cooptación de funcionarios, entre otros.

En casos aún más lamentables los funcionarios encargados de investigar, juzgar y sancionar el crimen acumulan cientos de hojas de información, con la ingenua aspiración de que ello permitirá tomar decisiones de buena calidad o, al menos, decisiones ajustadas a la realidad de los hechos. Ésta es la situación más común en los sistemas de investigación y justicia alrededor del mundo: Fiscalías, procuradurías, juzgados y cortes en el nivel local, regional y nacional, que acumulan cientos y miles de folios con narraciones y "pruebas técnicas" cuyo adecuado análisis supera las capacidades del cerebro humano. De hecho, incluso contándose con herramientas visuales y programas de computación para organizar y asociar información masiva, acerca de cientos o miles de personas, los investigadores judiciales, fiscales y jueces deben hacer un grandioso esfuerzo cognitivo para focalizar su atención y comprender las características de la macro-criminalidad.[49] Esto explica por qué es tan difícil entender la naturaleza de redes criminales complejas como las que operan actualmente a través del Hemisferio Occidental, y por ende, tomar decisiones acertadas en investigaciones, juzgamientos y sanciones.

Teniendo en cuenta los límites del cerebro humano y la complejidad de algunas redes criminales, se propone a continuación una definición una red macro-criminal como: *Aquella red criminal que supera en dos órdenes de magnitud la cantidad máxima aproximada de nodos (individuos, empresas o grupos) que pueden ser identificados y memorizados en una red social.*

En general, la complejidad de una red criminal en la que participan más de 300 nodos/agentes, hace imposible, en términos prácticos, memorizar, asociar y, por lo tanto, entender las características acerca de los agentes que participan en la red y sus interacciones.

Ahora bien, ¿Qué implica "entender" una macro-red? Como se expone a continuación, múltiples características permiten entender la naturaleza y funcionamiento de una red. Sin embargo, dos características son indispensables, aunque no suficientes por sí solas, para tal fin: la cantidad de nodos/agentes y la cantidad de interacciones que establecen esos nodos/agentes. [50]

Cómo caracterizar una red criminal

Las siguientes son algunas de las características básicas que pueden identificarse acerca de una red criminal:

- Característica 1: Cantidad de nodos/agentes.
- Característica 2: Cantidad de interacciones.
- Característica 3: Tipos/roles de nodos/agentes.
- Característica 4: Tipos de interacciones.
- Característica 5: Concentraciones porcentuales de tipos/categorías de nodos/agentes.
- Característica 6: Concentraciones porcentuales de tipos/categorías de interacciones.

- Característica 7: *Hub* o nodo/agente que concentra interacciones directas; es decir, el nodo/agente que registra el mayor indicador de centralidad directa.

- Característica 8: Puente estructural o nodo/agente que concentra capacidad para intervenir o arbitrar en los flujos de recursos o rutas geodésicas; es decir, el nodo/agente que registra el mayor indicador de intervención (*betweenness*).

- Característica 9: Todas las anteriores características para cada sub-red (componente) de la red.

Sin entender las características 1 y 2 es imposible aproximarse al nivel de complejidad de una red criminal y, por lo tanto, asignar recursos humanos, técnicos e institucionales adecuados para enfrentarlas.

Ahora bien, aunque las características 1 y 2 son necesarias, son aún insuficientes para describir de manera acertada una red criminal, pues es siempre posible que dos redes criminales con diferente grado de complejidad tengan la misma cantidad de nodos/agentes e interacciones.

En general, sin importar si se trata de redes o macro-redes criminales, de la propagación de un virus o de una red de cableado eléctrico, es siempre necesario saber cuál es la menor cantidad de información necesaria e indispensable para describir correctamente un fenómeno que se comporta en forma de red. En el caso de las redes criminales, las características 1, 2, 3 y 4 serían las mínimas necesarias para proporcionar una descripción que permita diferenciar diversas redes.[51]

La descripción como criterio de complejidad

La exigencia de contar con la menor cantidad necesaria pero suficiente para describir correctamente un fenómeno, proviene del concepto de complejidad de *Kolmogorov*. Por ejemplo, las siguientes series de números que pueden representar un programa de computación, un modelo de una red o un mensaje digital, se caracterizan por tener 24 caracteres, o *bits*:

(i) 010101010101010101010101
(ii) 100111011101011100100110

Sin embargo, para definir, describir e identificar cada serie, es insuficiente señalar que está conformada de 24 caracteres -o *bits*-, pues esa característica no permite diferenciar estrictamente cada serie. En este caso se necesitan otras características relacionadas, por ejemplo, con las posibles operaciones entre los números. Por lo tanto, una descripción adecuada sería: (A) La primera es una serie de 24 *bits* con 1s y 0s intercalados, o (B) la primera es una serie de 24 *bits* con un cero en cada posición par y un 1 en cada posición impar. Incluso si la primera serie de números fuera muy extensa, con miles o infinita cantidad de *bits*, podría usarse cualquiera de estas descripciones. Esto quiere decir que las características mencionadas en las descripciones (A) y (B) son necesarias y suficientes para identificar y diferenciar la primera y la segunda serie, aún sin mencionar la cantidad de *bits* que la conforman.

Sin embargo, "*la segunda serie no parece tener una descripción más simple que la serie misma, de manera que para describirla se requiere recitar su contenido exacto, letra por letra*" (Fortnow, 2000). Esto quiere decir que hay unos modelos que pueden describirse usando menos información, o recursos computacionales, que los usados en el modelo mismo, mientras que hay otros que para ser descritos requieren al menos la misma cantidad de información, o recursos computacionales, que los del modelo mismo.

En la teoría de la información, se ha concluido que el nivel de complejidad de un objeto puede medirse con la extensión de su descripción mínima. Por ejemplo, si se tiene en cuenta que las características 1, 2, 3 y 4 son las mínimas necesarias y suficientes para diferenciar una red criminal, entonces se puede concluir que son estas las porciones de información mínimas que permiten definir el nivel de complejidad de una red criminal. Esto, no sólo porque las cuatro características permiten determinar si se está analizando una red o una macro-red criminal, sino porque la mayor cantidad de tipos y categorías de nodos/agentes e interacciones, impactan la extensión de la descripción de la red y, por lo tanto, permiten avanzar en el entendimiento de la complejidad de la red criminal.

En conclusión, teniendo en cuenta el criterio de descripción de *Kolmogorov*, se encuentra que los modelos y descripciones usualmente empleadas por gobiernos y agencias de seguridad para definir y entender fenómenos criminales complejos como los que se analizan en el presente libro, son insuficientes en tanto omiten alguna de las cuatro características mínimas que son necesarias para identificar, entender y diferenciar una red criminal.

Hacia una correcta descripción de redes criminales

A partir de los elementos teóricos y conceptuales desarrollados en los dos capítulos anteriores, se puede concluir que es indispensable contar con modelos que permitan entender la complejidad de las redes criminales, sobre todo cuando se trata de fenómenos de macro-criminalidad. En efecto, para el cerebro humano es casi imposible entender quiénes y cuáles son los roles en una red en la que participan más de 300 nodos/agentes –al menos dos órdenes de magnitud del Dunbar. Sin herramientas computacionales que permitan asociar amplios volúmenes de información y entender las características de esa información, resultará prácticamente imposible entender y describir de manera comprehensiva una macro-red criminal.

Además, la definición de una red criminal específica debe incluir información cualitativa y cuantitativa acerca de los nodos/agentes y las interacciones; es decir, una descripción mínima de una red o macro-red criminal debe especificar tanto la cantidad como los tipos de nodos/agentes y tanto la cantidad como los tipos de interacciones de la red. Estas dos piezas de información, que en realidad informan acerca de 4 características básicas de la red, son las mínimas necesarias para identificar, describir y diferenciar una red criminal de otra, así como para comprender el nivel de complejidad de cada red.

Estos criterios de descripción mínima serán tenidos en cuenta en las siguientes dos partes del libro, en las que se exponen, describen y diferencian dos redes criminales con distintos niveles de complejidad.

PARTE 2

ALTA CENTRALIDAD Y BAJA RESILIENCIA: CORRUPCIÓN EN EL GOBIERNO DE FUJIMORI Y EL TRÁFICO DE ARMAS CON LAS FARC DE COLOMBIA

CAPÍTULO 3

LA RED CRIMINAL FUJIMORI-MONTESINOS-FARC

Por: José Ugaz Sánchez-Moreno

El "Tsunami" Fujimori

El Perú es un país con larga tradición autoritaria, expresada en varios regímenes militares que lo han gobernado a lo largo de su historia republicana. La última dictadura militar –que derrocó al gobierno democrático del presidente Fernando Belaúnde–, de corte nacionalista y progresista, gobernó el país durante 12 años (1968–1980), al término de los cuales la democracia fue restaurada mediante elecciones democráticas en las que salió ganador el depuesto presidente Belaúnde.

Simultáneamente a la recuperación de la democracia, el Perú conoció un nuevo fenómeno: el surgimiento del terrorismo cruel y sanguinario a cargo del grupo conocido como "Sendero Luminoso" (SL), una de las tantas facciones –de corte maoísta– escindidas del pro soviético Partido Comunista Peruano. Luego se sumaría al camino de la violencia el Movimiento Revolucionario Túpac Amaru (MRTA), de inspiración castrista.

Empeñado en la recuperación institucional del Estado democrático de derecho, el gobierno de Belaúnde estuvo claramente marcado por las acciones terroristas de ambos grupos, así como la respuesta no menos violenta de las fuerzas del orden, que se concretó en múltiples y graves violaciones a los derechos humanos.

La violencia, sin embargo, no impidió el recambio democrático, siendo elegido el joven Alan García como presidente para el período 1985-1990, representante del Partido Aprista Peruano, organización política socialdemócrata fundada por Víctor Raúl Haya de la Torre. A poco tiempo de asumir el poder, el presidente García anunció un conjunto de medidas económicas de corte populista que terminaron aislando al país de la comunidad internacional y generando una hiperinflación sin precedentes. Los grupos terroristas incrementaron sus acciones violentas, mientras que las Fuerzas Armadas de la República del Perú, a las que se había entregado el control político-militar de las regiones más convulsionadas del territorio nacional, intensificaron su respuesta con base en una política sostenida de violaciones a los derechos humanos: desapariciones forzadas, ejecuciones masivas y tortura. A ambos problemas se agregaron serias acusaciones de corrupción en las altas esferas del gobierno, que alcanzaron al propio presidente de la República.

Al término del régimen aprista, el Perú se debatía en una de las peores crisis de su historia, en la que se combinaba la inestabilidad económica con la inestabilidad político- social, producto de las malas decisiones de gobierno, la corrupción y la guerra desatada por las organizaciones terroristas.

Convocadas las elecciones para el quinquenio 1990-1995, surgió como candidato fuerte uno de los peruanos contemporáneos más ilustres, el mundialmente conocido escritor Mario Vargas Llosa,[52] quien había incursionado en la política nacional encabezando la oposición a la estatización de la banca decretada por el presidente García. Liberal sin ambages, Vargas Llosa encabezaba un frente que aglutinaba un amplio espectro de personalidades y fuerzas de la política peruana que se ubicaban desde el centro hasta la derecha más conservadora (FREDEMO).

Cuando se daba por descontada la victoria holgada de Vargas Llosa, faltando pocas semanas para las elecciones ocurrió un fenómeno inesperado. Empezó a circular el rumor de que estaba creciendo aceleradamente la candidatura de un personaje desconocido que hasta ese momento no aparecía en las encuestas electorales, pues se le ubicaba en el rubro "otros", dado que no superaba sino algunas décimas en la preferencia electoral. Se trataba de Alberto Fujimori Fujimori, ingeniero, matemático, hijo de inmigrantes japoneses y de quien sólo se sabía que había sido rector de la Universidad Agraria, presidente de la Asamblea de Rectores y conductor de un intrascendente programa de análisis político en el canal estatal. Por motivos que hasta hoy son materia de debate, Fujimori logró ubicarse segundo en la primera vuelta electoral (en la que Vargas Llosa no alcanzó la mitad más uno de los votos que exige la ley para ser ungido presidente en primera vuelta), ganando la presidencia por amplio margen en la segunda vuelta.

Hegemonía y caída de la alianza criminal Fujimori-Montesinos

Cuando Fujimori irrumpió en el espectro electoral de la primera vuelta, su candidatura se vio amenazada por una acusación según la cual había falsificado información para hacerse pasar como campesino –siendo rector de la Universidad Agraria– y de esa forma obtener la adjudicación gratuita de un terreno rural. De comprobarse este cargo, Fujimori podía haber sido legalmente impedido de continuar en campaña. Para resolver tan delicada situación, uno de sus asesores le presentó al abogado Vladimiro Montesinos Torres como la persona idónea para resolver este enojoso asunto.

Ex capitán del Ejército peruano, Montesinos, luego de una carrera militar llena de intrigas a través de las cuales se ubicó tempranamente muy cerca de las esferas de poder del gobierno militar, fue apresado, condenado y expulsado del ejército, al descubrirse que había sustraído información clasificada relativa a secretos militares –cuando el Perú adquiría todo su armamento del bloque soviético– y que había viajado sin autorización a los Estados Unidos donde se contactó con la CIA.

Una vez liberado, se graduó en derecho e inició su carrera como abogado de connotados narcotraficantes, estableciendo una red de corrupción en el interior del sistema penal. Al ser presentado a Fujimori, Montesinos ya mantenía una estrecha relación con el Fiscal de la Nación de la época, lo que a su vez le había posibilitado retomar contacto con algunos altos oficiales de las Fuerzas Armadas, a quienes había sacado de aprietos por acusaciones de violación a los derechos humanos, corrupción o narcotráfico.

Valiéndose de su acceso a la Fiscalía, Montesinos logró conjurar el peligro desapareciendo el expediente donde constaban los documentos falsos presentados por Fujimori. A partir de este momento, se inició una relación que luego se sellaría en una alianza –que algunos analistas han llamado de "siameses"–, que duraría hasta la estrepitosa caída del régimen en noviembre del 2000.

Una vez electo Fujimori, Montesinos se convirtió en el asesor indispensable en materia de inteligencia, seguridad, narcotráfico y temas afines, y en el nexo fundamental con las Fuerzas Armadas, sobre las que llegó a tener absoluto control. Fue Montesinos quien inspiró en Fujimori la idea del "autogolpe" del 5 de abril de 1992, en virtud del cual se disolvió el Congreso de la República y se intervino abiertamente el Poder Judicial. A partir de este momento se inició un estilo de gobierno autoritario, con una absoluta concentración de poder alrededor de Fujimori y Montesinos, un claro desprecio por las formas democráticas y con un objetivo central: perpetuarse en el poder.

Tras haber logrado controlar la inflación desbocada que heredó del gobierno anterior, obtener logros significativos en materia de lucha contra el terrorismo con la captura de Abimael Guzmán, cabeza de Sendero Luminoso –y buena parte de la cúpula de las dos organizaciones terroristas existentes entonces– y en el contexto de un reciente conflicto armado con Ecuador, no fue difícil para Fujimori forzar un cambio constitucional y lograr ser reelegido por un período adicional de 5 años.

Pese a las múltiples denuncias públicas sobre corrupción, violación a los derechos humanos y otros delitos cometidos desde las altas esferas del poder –con mayor incidencia desde 1996–, dado que Montesinos controlaba todo el aparato de justicia, jamás prosperó investigación alguna en su contra o de alguno de sus aliados. Fueron años en los que campearon la corrupción y la impunidad a vista y paciencia de todos, sin que hubiera forma de enfrentar con posibilidad de éxito lo que ya se percibía como una máquina arrolladora que se valía de todos los hilos del poder para el control hegemónico del país.

Al término del segundo período de gobierno, Fujimori alentado por Montesinos y sus allegados, decidió forzar una nueva reelección inconstitucional, lo que aglutinó a la oposición y movilizó a la población, hasta ese momento incapaz de articular una respuesta que pusiera límites al régimen. En medio de denuncias de fraude electoral, Fujimori corrió solo en las elecciones y se vio obligado a juramentar en los cuarteles del Ejército ante las masivas protestas que coparon por varios días el centro de Lima en la llamada "Marcha de los 4 Suyos".[53]

Sin apoyo popular y con el pueblo alzado, dos hechos precipitaron la caída del régimen de Fujimori: la denuncia del gobierno colombiano según la cual el gobierno peruano estaría involucrado en una operación clandestina de venta de armas a la guerrilla de las FARC y la exhibición de un video en el que se observa a Montesinos sobornando a un congresista de la oposición con USD$ 15,000 a fin de literalmente "comprar" su voto, para mantener la mayoría que habían perdido en el Congreso tras las últimas elecciones. Lo primero implicó la pérdida del apoyo que el gobierno norteamericano –y particularmente la CIA– le venía dando al gobierno de Fujimori y personalmente a Montesinos, mientras que lo segundo fue la gota que rebasó el vaso de la inestabilidad interna.

Ante la conmoción que causó la exhibición del video, Montesinos huyó a Panamá y Fujimori se vio obligado a anunciar en conferencia de prensa que desconocía lo ocurrido, que había sido traicionado por Montesinos y que convocaría a elecciones adelantadas para dejar el poder. Poco después, Montesinos, quien temía por su seguridad personal en Panamá, y dado que ese país no le concedió el asilo político que solicitó, regresó al Perú en un vuelo privado, aterrizó sin autorización en un aeropuerto militar al sur de Lima y pasó a la clandestinidad, desde donde emplazó a Fujimori públicamente. Por su parte, Fujimori se lanzó a la búsqueda de Montesinos con un equipo de militares a su servicio y gran cobertura mediática, ante lo cual Montesinos optó por huir a Venezuela en un velero privado.

Pocas semanas después, el 2 de noviembre de 2000, el gobierno suizo comunicó al gobierno peruano que había descubierto USD$ 45 millones en cuentas bancarias en Zurich a nombre de Vladimiro Montesinos Torres, informándole que si el gobierno peruano no hacía público el hecho, Suiza se encargaría de hacerlo. Sin alternativa, el gobierno de Fujimori se vio obligado a hacer público el hallazgo a través del Ministro de Justicia, quien informó que se nombraría un Procurador Especial para promover las investigaciones contra Montesinos y los que resultaran responsables.

Finalmente, Montesinos fue capturado en Venezuela y deportado al Perú, donde purga condena por varios delitos y aún tiene juicios pendientes. Por su parte, Fujimori huyó a Japón donde permaneció refugiado 5 años hasta que, aprovechando las elecciones peruanas, decidió acercarse al Perú viajando a Chile, donde fue capturado. Tras 695 días de batallas judiciales, fue extraditado al Perú donde fue juzgado y condenado a 25 años de prisión, entre otros, por delitos de lesa humanidad.

De la corrupción en el poder a la corrupción sistémica: la organización criminal en el núcleo del poder

Si bien la prensa independiente había denunciado en varias oportunidades la corrupción en el poder y las violaciones a los derechos humanos –con mención específica a Montesinos y otros altos funcionarios del Estado–, nadie imaginó la magnitud de sus crímenes. No era la primera vez que en el Perú se denunciaba corrupción en las altas esferas del gobierno.

Sin embargo, conforme se iban desenvolviendo las investigaciones, se fue descubriendo un fenómeno totalmente nuevo: la existencia de una verdadera organización criminal, integrada por cientos de personas y digitada desde el núcleo central del poder: la Presidencia de la República, la Comandancia General de las Fuerzas Armadas y el Servicio de Inteligencia Nacional.

Se trataba de una verdadera captura del poder, en la que no había ámbito del sector público que no hubiera sido controlado por la organización, que a su vez también extendía sus tentáculos a sectores claves de la actividad privada.

La organización tenía una estructura piramidal, en cuyo vértice superior se encontraba un triunvirato integrado por Alberto Fujimori Fujimori, Presidente de la República; Vladimiro Montesinos Torres, asesor principal en materia de inteligencia, narcotráfico y seguridad nacional –y jefe *de facto* del Servicio de Inteligencia Nacional–, y Nicolás Hermosa Ríos, Comandante General de las Fuerzas Armadas. Debajo de esta dirección, se extendía una estructura vertical paralela a la organización del Estado, en la que los cuadros principales de la red criminal a su vez ocupaban puestos clave en la actividad pública.

Si bien estos tres cabecillas coordinaban las acciones más importantes de la organización, había casos en los que cada uno desarrollaba su propio entorno de actividades ilícitas independientes. Fujimori actuaba en ocasiones sólo con su círculo familiar o de allegados *niseis* (primera generación de descendientes de japoneses), mientras que Hermosa Ríos hacía lo propio con su entorno militar y Montesinos con sus incondicionales.

El cuartel general de la organización operaba formalmente desde las instalaciones del Servicio de Inteligencia Nacional (SIN), donde Montesinos despachaba diariamente, sobre la base de la infraestructura administrativa de la institución, que contaba con asesores legales, analistas de inteligencia, personal operativo, secretarias y una administradora de confianza. En los últimos años del gobierno, Montesinos se mudó a vivir al SIN, no siendo extraño que en algunos casos pernoctara allí también el presidente Fujimori. Era en las oficinas del SIN donde Montesinos citaba a los miembros de la organización para impartir sus órdenes, discutir sus planes, recibir y repartir dinero, etc. Allí también concurrían los funcionarios o empresarios a recibir los pagos ilegales con los cuales se compraban sus voluntades y se aseguraban sus "servicios". Desde estas instalaciones se monitoreaban electrónicamente lugares clave como el aeropuerto de Lima y se desarrollaban las actividades de interceptación telefónica que luego se utilizarían para chantajes.

Cabe señalar que pese a existir partidos de oposición, éstos atravesaban desde hacía años una grave crisis de institucionalidad y liderazgo, hecho que les impidió articular una respuesta que hiciera frente al gobierno autoritario. A ello se sumó la corrupción de diversos miembros de la oposición, quienes a cambio de dinero u otras prebendas, se sumaron al "fujimorismo" abierta o soterradamente –los llamados "tránsfugas" o "topos", respectivamente–, y la complacencia de instancias internacionales de presión frente al autogolpe y demás medidas autoritarias, como la OEA y el gobierno de los EEUU.

Entre los ámbitos más relevantes controlados por la organización criminal, se encontraban los siguientes:

Ámbito electoral

Dado que un objetivo prioritario de la organización criminal era perpetuarse en el poder, el control del aparato electoral era esencial. El sistema electoral peruano es tripartito y consta de la Oficina Nacional de Procesos Electorales (ONPE), que tiene la responsabilidad de organizar las elecciones; el Registro Nacional de Identidad (RENIEC), que se encarga del registro de los ciudadanos; y el Jurado Nacional de Elecciones (JNE), tribunal electoral que resuelve las controversias en esa materia. Para posibilitar el fraude electoral y garantizar las sucesivas reelecciones, era indispensable controlar la ONPE y el Jurado Nacional de Elecciones, lo que fue posible a través de pagos ilegales mensuales y otras prebendas que entregaba Montesinos al presidente del JNE y otros magistrados electorales, conforme apareció documentado en los videos que se le incautaron posteriormente.[54] Por su parte, el jefe de la ONPE se encargó de convalidar varias irregularidades destinadas a concretar el fraude.

El presidente del Jurado Electoral y un magistrado de ese tribunal, así como el jefe de la ONPE, fueron condenados y purgaron prisión por varios años.

Ámbito Judicial

Las instituciones integrantes del sistema de Administración de Justicia jugaron un papel central en la estrategia de la organización criminal, cumpliendo una triple función. En primer lugar, aseguraban impunidad a todos los miembros de la organización. En segundo lugar, permitían obtener fondos producto de la extorsión a litigantes involucrados en procesos complejos. Por último, eran utilizados como un instrumento de persecución de la oposición, pues fueron varios los casos en que se persiguió judicialmente la disidencia, obligando a salir del país, entre otros, a una magistrada del Tribunal Constitucional y al propietario de un canal de televisión, a quienes se involucró en procesos penales sin fundamento alguno.

Para estos efectos, Montesinos mantenía control directo sobre la Fiscal de la Nación, quien más de una vez intervino personal y públicamente para desestimar las denuncias contra él u otros personajes del régimen. De igual forma, controlaba al Presidente de la Corte Suprema y a quien ejercía el poder *de facto* en dicha instancia; todos ellos, a su vez, aseguraban el cumplimiento de las instrucciones de Montesinos en las instancias inferiores.

En el ámbito judicial, Montesinos aplicó un sistema de intercambio de favores. Cuando tomaba conocimiento de algún caso judicial de interés patrimonial, aparecía directamente o a través de abogados allegados, y exigía el pago de cuantiosas sumas de dinero a cambio de resultados favorables, lo que era de su exclusivo beneficio. En los casos que no eran de su interés, dejaba que los magistrados hicieran de las suyas.

Ámbito parlamentario

El Congreso era una pieza clave en el esquema de la organización criminal que necesitaba controlar la producción legislativa según sus intereses y las comisiones fiscalizadoras del Congreso.

Para asegurar ambos resultados, Fujimori y Montesinos apelaron a varios métodos. Como quiera que no obtuvieron mayoría parlamentaria en el primer Congreso de su gobierno, optaron por clausurarlo vía el denominado autogolpe del 5 de Abril de 1992, so pretexto de que el Parlamento impedía la adopción de medidas que el gobierno consideraba indispensables para el desarrollo del país.

Durante el segundo período del régimen, en el que tampoco obtuvieron mayoría parlamentaria, la estrategia consistió en comprar –literalmente– a congresistas de la oposición a fin de completar el número de votos necesarios para poder legislar y controlar el Parlamento, sin necesidad de pactos políticos con otras agrupaciones. Tal como se observó en el video que hizo famoso a Montesinos y que precipitó la caída del régimen, éste citaba en su despacho del Servicio de Inteligencia Nacional a los congresistas previamente identificados como proclives a la corrupción y luego de negociar con ellos el costo de su traspaso a las filas del oficialismo, procedía a pagarles en efectivo. En algunos casos los congresistas, originalmente opositores, que eran comprados permanecían en sus agrupaciones, pero votaban con la mayoría, lo que les mereció el apelativo de "topos", ya que en realidad eran infiltrados de la organización criminal en los partidos de oposición.

Varios de estos reclutamientos fueron hechos por el propio Presidente del Congreso, mientras que otros fueron realizados directamente por Montesinos o sus allegados.

En aquellos tiempos, además, era de conocimiento público que los congresistas del gobierno eran instruidos de cómo votar o comportarse en el Congreso desde el Palacio de Gobierno a través de *beepers* (buscapersonas).

Gracias a contar con la mayoría del congreso, la alianza criminal de Fujimori y Montesinos fue capaz de legislar a su antojo, forzando interpretaciones legislativas o modificaciones constitucionales para posibilitar su reelección ilegal. Igualmente, a través del control de los votos, lograron bloquear todo intento de investigación o fiscalización parlamentaria e incluso llegaron a destituir ilegalmente a tres magistrados del Tribunal Constitucional por el hecho de haber votado por la inconstitucionalidad del primer intento reeleccionista del régimen.

Ámbito militar y el Grupo Colina

Como se ha señalado, uno de los líderes de la organización criminal era el General Nicolás Hermosa Ríos, Comandante General de las Fuerzas Armadas, quien fue mantenido en ese cargo durante 7 años y 8 meses, pese a haber pasado a retiro.

Con una muy modesta trayectoria en las Fuerzas Armadas y absolutamente subordinado a los designios de Montesinos, Hermosa permitió que éste controlara directamente a los institutos militares, al punto que en una oportunidad se citó a todos los oficiales mayores de las tres fuerzas a fin de que firmaran una "acta de sujeción" a Montesinos, quien había sido objeto de cuestionamiento público.

En este caso se repetía el esquema en virtud del cual había acciones que eran consensuadas entre las tres cabezas de la organización y otras en las que Hermosa o Montesinos actuaban por su cuenta para su propio beneficio.

La acción de la organización criminal en el ámbito militar se tradujo en la conformación de un escuadrón "paramilitar" llamado Grupo Colina, sobre el que después se demostró que en realidad era un grupo militar organizado en base al Servicio de Inteligencia del Ejercito, SIE, y que actuaba fuera de la ley. Este grupo fue responsable de asesinatos, desapariciones forzadas y otras graves violaciones a los derechos humanos, en algunos casos por razones políticas vinculadas a los intereses del régimen y en otros simplemente por intereses económicos.

Encontrándose en control de los sectores del territorio donde se habían establecido los comandos político-militares para enfrentar a la subversión, que en muchos casos coincidían con los territorios del narcotráfico, los militares controlados por Montesinos obtenían importantes ingresos cobrando cupos por permitir el trasiego de la droga o traficando directamente con ella. Debido a su presencia a nivel nacional, también fueron utilizados como elementos de propaganda electoral y soporte para los afanes reeleccionistas del régimen.

Por otro lado, aprovecharon negocios militares para hacerse de "pingües" ganancias a través de prácticas corruptas en la compra de armamento, tráfico ilegal de armas, abastecimiento de pertrechos, etc. Ilustra muy bien la corrupción en este sector el caso de los millonarios sobornos cobrados por Montesinos, Hermosa y otros, por la compra de aviones a Bielorrusia, y la operación clandestina de venta de 10 mil fusiles jordanos AK 47 a la guerrilla colombiana de las FARC, la que culminó con una triangulación con narcotraficantes brasileros y que se analiza en detalle en los siguientes capítulos.

Finalmente, en este ámbito se explotó el control de la Caja de Pensiones Militar y Policial, ente que administra el fondo de retiro del personal castrense, a fin de sustraer millones de dólares mediante diversos esquemas de corrupción vinculados al negocio inmobiliario y otras transacciones financieras.

Ámbito del sector privado y medios de comunicación

El sector privado no fue ajeno a la influencia de esta vasta organización delictiva. Fueron varios los ámbitos en los que Fujimori y Montesinos se hicieron presentes a través de actos de corrupción destinados a obtener beneficios políticos y patrimoniales.

Gracias a los videos incautados, fue posible observar a Montesinos pagando millones de dólares a la mayoría de propietarios de medios de comunicación a fin de que pusieran sus líneas editoriales al servicio del régimen, resaltando los actos de gobierno y atacando a la oposición o impidiendo su acceso al público.[55]

Igualmente, se captó a Montesinos discutiendo con connotados banqueros sobre la forma de intervenir en diversas operaciones, charlando sobre esquemas de lavado de dinero o intercambiando ideas sobre la forma en que los empresarios debían opinar en política a favor del gobierno a cambio de favores comerciales en beneficio de sus empresas.

Fue notorio el caso de empresarios extranjeros que se contactaron con Montesinos para solicitar intervención a su favor en controversias judiciales a cambio de dinero u otros beneficios personales y electorales.

Son muchos los negocios ilegales que se cocinaron al amparo de la organización criminal de Fujimori y Montesinos, dado que la misma tenía el control de las instituciones del Estado y, por lo tanto, podía vender sus favores a cambio de ingentes beneficios.

El poder Ejecutivo

La red criminal utilizó su control del Poder Ejecutivo para satisfacer los intereses de la corrupción. De esta forma, ministerios, organismos descentralizados, la Policía, la administración tributaria, la Aduana, el servicio diplomático, la Contraloría General de la Republica, entre muchas otras instituciones, fueron subordinados a los intereses de la agrupación criminal, la que colocó a sus representantes en los puestos clave de las mismas.

Estructura de la organización criminal Fujimori-Montesinos

Con el avance de las investigaciones se hizo evidente que Vladimiro Montesinos no actuaba sólo, sino que contaba con una vasta red de cómplices, entre los que aparecía el propio presidente Fujimori. Conforme avanzaron las investigaciones de los primeros días, ante la aparición de evidencia que apuntaba a la responsabilidad del propio Presidente de la República, el 13 de Noviembre del 2000, 10 días después de haber sido nombrados, los Procuradores presentaron un pedido a la Fiscalía de la Nación para que Fujimori fuera investigado por presuntas actividades vinculadas al narcotráfico.[56] Horas después, pretextando asistir a una cumbre de Presidentes en Asia, Fujimori huyó del país, se refugió en el Japón y renunció a la presidencia de la República por fax.

Se gesta la alianza con las FARC

La maquinaria de corrupción descrita en el presente capítulo, facilitó las condiciones para ejecutar una de las operaciones de articulación más complejas de las que se tengan noticia a la fecha. Así, a poco de iniciadas las investigaciones, la Procuraduría tomó conocimiento de un caso que por su complejidad, y la cantidad y calidad de actores involucrados en él, resultó realmente sorprendente y con ribetes de novela de acción y espionaje. Se trataba de una operación clandestina orquestada por Montesinos, en virtud de la cual valiéndose de su entorno de ex militares peruanos y de intermediarios extranjeros especializados en la compra y venta de armas y equipamiento militar, trianguló la compra de 10,000 fusiles AKM al gobierno de Jordania, que luego entregó a la guerrilla de las FARC[57] en Colombia, a cambio de cocaína que posteriormente negoció a un traficante brasilero.

CAPÍTULO 4

LA RED DE CRIMEN TRANSNACIONAL "MONTESINOS-FARC" EN MARCHA

Por: José Ugaz Sánchez-Moreno

Los hechos de la operación de venta de armas por parte de Montesinos a las FARC se remontan a 1989, año en que Vladimiro Montesinos Torres encomendó a los hermanos Luis Frank y José Luis Aybar Cancho, concretar la compra de 10,000 fusiles AKM, Kalashnikov. Ambos personajes trabajaban en el Servicio de Inteligencia Nacional (SIN) con Montesinos y tenían una empresa llamada *Nippon Corporation*, la cual fue utilizada para intervenir en las operaciones vinculadas a la adquisición de las armas. También participó en estos hechos un tercer hermano Aybar Cancho, llamado Brichani.

Los protagonistas

José Luis Aybar Cancho se contactó, a través de Luis Jorge García Tamariz, con Manuel López Rodríguez, ciudadano franco–español, quien conocía a su vez, desde hacía 25 años, al francés nacionalizado norteamericano Charles Max Damian Acelor Cokeran.[58] Desde hacía 25 años López, quien ha declarado que fue contratado por Aybar

Cancho como traductor del francés al español para estos efectos, ubicó a Acelor y se reunió con él por primera vez para hablar de este negocio en Miami, el 18 de octubre de 1998. En esa reunión, López Rodríguez le explicó que el gobierno peruano quería comprar armamento. Según declaró Acelor ante la Fiscalía peruana en la ciudad de Miami: *"Querían comprar armas. Me presentaron una lista de armamento entre los cuales se encontraban fusiles, aviones, helicópteros, misiles y municiones"*.

Cuando la reunión terminó, Acelor le manifestó a Aybar que él no estaba en el negocio de las armas, pero que conocía a alguien que podía satisfacer las supuestas necesidades del gobierno peruano. Es así como, según él, se puso en contacto con Sarkis Soghanalian, conocido mundialmente como proveedor de armas.[59] Desde ese momento, Acelor realizó una serie de viajes al Perú. De hecho, desde enero de 1999 sus visitas se incrementaron: *"Me reuní con los Altos Mandos de las Fuerzas Armadas, con representantes de la Marina y de la Fuerza Aérea"*, declararía luego a las autoridades peruanas.

En enero de 1999, Sarkis Soghanalian y Acelor viajaron a Lima (el 12 y 14, respectivamente), hospedándose en el Hotel Sheraton. Soghanalian fue al Servicio de Inteligencia Nacional y se reunió con Vladimiro Montesinos, quien lo llevó a visitar instalaciones del ejército, pues según le manifestó al primero, tenía interés en realizar otros negocios militares.

Luego de acordar la venta de los 10,000 fusiles, Sarkis Soghanalian se reunió con José Luis Aybar Cancho, Santos Cenepo Shapiama y Luis Alberto Meza Rodríguez. Los dos últimos eran ex suboficiales del ejército peruano, reclutados por Aybar Cancho. En dicha reunión hablaron de la entrega de las armas, informándole a Shapiama y Meza, especialistas en lanzamientos de carga en paracaídas, que los fusiles iban a ser arrojados en pleno vuelo. Según declaró Meza, le dijeron que eran aproximadamente 5,000 cajas y Soghanalian les preguntó qué necesitaban, ante lo cual Shapiama tomó un papel, escribió lo que requerían para asegurar el lanzamiento y se lo entregó. Soghanalian regresó a los Estados Unidos el 18 de enero.

En los primeros meses de 1998, Aybar Cancho encomendó a Luis Jorge García Tamariz, quien trabajaba en *Nippon Corporation*, la búsqueda de una empresa transportadora que pudiera gestionar y conseguir permisos legales para ingresar a espacio aéreo colombiano, con la finalidad de arrojar los fusiles comprados en Jordania. En unos videos que aparecieron luego de iniciadas las investigaciones, se observa a García Tamariz discutiendo con Luis Frank Aybar Cancho sobre la forma más adecuada para transportar el armamento. García sugirió una aeronave Hércules a turbohélice, con autonomía suficiente para volar 18 horas desde Rusia hasta Nicaragua. En la misma conversación, García se ufanaba de tener muchos contactos en los ministerios del régimen del entonces presidente Fujimori, de quien además decía ser su "hombre de confianza".

El mismo García Tamariz fue el contacto con otras personas que luego desempeñarían roles importantes en la operación. Manuel Vargas Echaiz, gerente general de Edipesa, la empresa a la que los hermanos Aybar hicieron creer que las armas tenían como destinatario las Fuerzas Armadas peruanas, asegura que el contacto entre ellos y *Nippon Corporation* fue Jorge García Tamariz.

En efecto, García Tamariz se contactó con Vargas, quien le presentó a Carlos Arbaiza Aldazabal, propietario de Edipesa, y los llevó a las oficinas de *Nippon*. Les habló del transporte de armas y les dijo que pertenecían al gobierno peruano pero que la operación era secreta por la moratoria establecida en el Acuerdo de Paz con Ecuador.[60] Les presentó a Luis Frank Aybar Cancho y luego a José Luis Aybar Cancho como militares en retiro que trabajaban en el SIN con Montesinos Torres, representante del Presidente Fujimori. Les dijo que era necesario recoger armas de Nicaragua y llevar dinero a Brasil para pagarlas. La idea era que Edipesa se encargara de la logística del transporte.

Así mismo, Juan Manuel López, el intérprete de español a francés que participó en la operación para traducir las conversaciones que se llevaron a cabo en Jordania, aseguró durante las investigaciones judiciales, que fue García Tamariz quien lo llevó hasta *Nippon Corporation* y allí lo contactó con los hermanos Luis Frank y José Luis Aybar Cancho.

Habiendo definido que Sarkis Soghanalian sería el proveedor de las armas que se adquirirían al gobierno de Jordania, el plan original contemplaba que los fusiles fueran llevados a Nicaragua, donde se entregarían a la guerrilla colombiana.

Los viajes

Para concretar los términos de la operación, Luis Frank Aybar Cancho viajó tres veces a Colombia vía Ecuador entre los meses de marzo y octubre de 1998, oportunidades en las que supuestamente se reunió con los representantes de las FARC.[61] Por su parte, su hermano José Luis viajó dos veces a Colombia y una a Ciudad de Panamá, lugar a través del cual se efectuaría el pago. Según la versión de Acelor recogida en la investigación, se iba a pagar USD$ 2.000.000 a través de la embajada peruana en Panamá. Con ese dinero se cubriría el transporte aéreo que debía recoger Arbaiza y llevarlo a Nicaragua para pagarle al Comandante General de Nicaragua, general Meza, por su participación en el operativo. Luis Frank Aybar Cancho había acordado con Arbaiza ir a Colombia el 15 de octubre a recoger el avión requerido, pero incumplió, afirmando que ya no era útil el plan establecido vía Nicaragua porque habían decidido usar la ciudad de Amman como punto de embarque para entregar las armas directamente en territorio colombiano.

De lo que no cabe duda, aunque el Tribunal sostuvo en su sentencia que los procesados manipularon su movimiento migratorio para evitar sospechas, es que fueron meses de intensos desplazamientos de los involucrados a diferentes países.

El 18 de octubre de 1998 José Luis Aybar Cancho y Juan Manuel López Rodríguez se reunieron con Acelor Cokeran en Miami. El 24 de octubre Luis Frank Aybar salió del Perú con destino a Alemania. El 26 de octubre José Luis fue a Colombia y se reunió con la guerrilla. El 31 de ese mismo mes López Rodríguez viajó a Argentina. El 1 de noviembre el hermano menor de los Aybar Cancho, Brichani, viajó a Uruguay, el 12 se fue a Holanda con José Luis y regresó a Surinam el 18, para finalmente viajar a Brasil el 25 de ese mismo mes.

Las Finanzas

La arquitectura financiera desplegada para concretar la operación no fue menos compleja. Según el informe final de la Unidad de Inteligencia Financiera,[62] se estableció que el ciudadano surinamés Winod Parbhoe recibió entre septiembre y noviembre de 1998, en su cuenta del Mellon National Bank de Miami, Florida, la suma total de USD$ 1.798.000. De esta cuenta transfirió en el mes de noviembre de 1998 a la cuenta bancaria de la empresa americana *Pyramid Resources*, aparentemente de propiedad de Charles Acelor, la suma de USD$ 982.160. Esta empresa transfirió el 30 de noviembre de 1998 la cantidad de USD$ 600.000 a la cuenta de Charles Acelor en el Banco San Paolo de Francia, quien a su vez, según manuscritos de instrucciones del mes de noviembre referidos a la transferencia de USD$ 650.000, habría pagado a Sarkis Soghanalian entre los meses de noviembre y diciembre de 1998 una suma cercana a USD$ 1.140.000. De este total, USD$ 350.000 fueron remitidos aparentemente a Sarkis Soghanalian vía una transferencia a la cuenta 11947-4- 510 del Banco Árabe con sede en Jordania.

En efecto, Acelor admitió haber recibido USD$ 1.200.000 para el negocio de las armas de la cuenta de Pabhoe y afirmó que transfirió la mayor parte a Sarkis Soghanalian. Luego recibió un segundo pago de USD$ 200.000. El 5 de noviembre viajó a París donde se encontró con Soghanalian y acordaron la transferencia del dinero.

Por su parte, Brichani Aybar recibió un giro de Zurich el 2 de diciembre y al día siguiente transfirió el dinero a un narcotraficante de nombre Liberman de Souza.

Según los contratos de compra-venta de los fusiles, el precio total del negocio fue de USD$ 700.000, lo que constituye una evidencia adicional de que los contratos, por lo menos en lo que respecta al comprador, supuestamente el gobierno peruano, no reflejaron la realidad de los hechos.

Finalmente, se hicieron cuatro viajes desde Jordania. El avión en el que se transportó la mercadería fue un IL-76 de matrícula UR_UCE de Hungarian Ucranian Airlines (HUK).

Vuelo frustrado

Los ex suboficiales del ejército peruano, Santos Cenepo Shapiama y Luis Alberto Meza Rodríguez, viajaron el 15 de febrero de 1999 a Jordania, vía Holanda. El día anterior recibieron instrucciones de presentarse en las oficinas de *Nippon Corporation*, donde les dieron las indicaciones para el día siguiente. Según ha declarado Shapiama, el día del viaje fue directo al aeropuerto, donde se encontró con Meza y con el "Sr. Gregorio", quien le entregó los pasajes y pasaportes. Llegaron el miércoles 17 de febrero a Amman, donde los esperaba una persona con un cartelito que los llevó a la casa de Sarkis Soghanalian. Al día siguiente los condujeron a una estación militar a la que regresaron un día después. El domingo los llevaron a otra estación militar que contaba con un aeropuerto donde se encontraba el avión en el que se transportarían las armas. En ese lugar estaban José Luis Aybar Cancho, Juan Manuel López Rodríguez, Sarkis Soghanalian, algunos generales del ejército jordano y la tripulación del avión.

Al abordar el avión encontraron la carga acomodada y tapada con un toldo. Según Shapiama, le dijeron que el piloto ya sabía dónde se iban a arrojar las armas con paracaídas cuando sobrevolara suelo colombiano, lo que era su tarea como experto en lanzamientos de carga en vuelo. Finalmente, partieron hacia Trinidad y Tobago pero, al llegar, el ciudadano colombiano Libardo Aldana Mejía,[63] quien representaba a la guerrilla y había trabajado como piloto del Frente 16 de las FARC, tuvo una discusión con los pilotos al intentar cambiar la ruta de vuelo, por lo que el capitán ruso decidió abortar la operación y regresar a Jordania.

Primer Viaje

El primer vuelo llegó a Iquitos, Perú, el 17 de marzo de 1999 a las 5:59 a.m. procedente de Amman, vía Argelia, Mauritania y Trinidad Tobago. Se lanzaron sobre territorio colombiano 22 plataformas conteniendo 2,500 fusiles AKM mediante la modalidad DRAPEA, consistente en arrojar la carga en pleno vuelo mediante paracaídas. La tripulación del avión estaba integrada por ciudadanos rusos y ucranianos. El avión permaneció en el Perú 7 días, partiendo luego a Piarco, Trinidad Tobago, el 23 del mismo mes.

Según ha referido Shapiama en su declaración en el proceso, al llegar al aeropuerto de la ciudad amazónica de Iquitos, Perú, y bajar del avión, fueron recibidos por un policía que los condujo donde Luis Frank Aybar Cancho y García Tamariz, en las afueras del aeropuerto. Subieron a una camioneta y los llevaron al hotel Amarilis, donde se hospedaron con toda la tripulación. Ese mismo día se trasladaron a Lima y tanto él como Meza recibieron sus respectivos pagos. Al día siguiente Luis Frank Aybar Cancho se fue a Colombia a verificar que las armas hubieran llegado a su destino y cobrar la parte correspondiente a la primera entrega.

Como el vuelo regresaría vacío desde Perú después de haber arrojado las armas en territorio colombiano, el ciudadano ruso Víctor Ivachine Eugenevich, representante de la empresa rusa *Trensa* y encargado de recibir las aeronaves que regresaban al territorio peruano después de haber lanzado las armas en territorio colombiano, decidió comprar madera triplay para llevar a Jordania (1,865 planchas). Esta mercadería fue comprada el 8 de marzo de 1999 a nombre de *Amman Research and Development Advisor* y se consignó a nombre de King Abdullahbinal Hussein, de Jordania.

Segundo Viaje

El segundo lanzamiento se realizó el 21 de julio de 1999 utilizando la aeronave rusa de matrícula AH TCG que cubrió el siguiente itinerario: Amman, Argelia, Cabo Verde y Granada, aterrizando después de la descarga en vuelo, en el aeropuerto internacional Jorge Chávez de Lima.

Como el vuelo también regresaba vacío, nuevamente Ivachine compró mercadería para cargar la nave, declarando que iba a exportar fruta y madera con un peso neto de 15,417 kgs, siendo el destinatario la empresa *United Industries* de Amman.

Por su parte, Luis Frank Aybar Cancho viajó a Colombia el 23 de julio de 1999, al día siguiente del arribo de la aeronave a Lima. Regresó a Lima el 26 de julio de 1999 y a Colombia el 27 de julio de 1999, retornando finalmente al Perú el 3 de agosto de 1999. A su turno, Acelor se dirigió a Aruba el 18 de julio de 1999 e Ivachine viajó a Colombia el 30 de julio del mismo año.

Shapiama declaró que esta vez operaron igual que en el vuelo anterior: Liberaron la carga en pleno vuelo con paracaídas y llegaron al aeropuerto Jorge Chávez de Lima, donde fueron recibidos por Luis Frank Aybar Cancho y Víctor Ivachoine, quien entró a conversar con la tripulación, para luego volver a cargar el avión con madera y frutas.

Tercer Viaje

El avión en el que se realizó el tercer viaje aterrizó en el aeropuerto de Lima el 4 de agosto de 1999 a la 01:33 a.m. procedente de Jordania, luego de sobrevolar territorio colombiano, y despegó el mismo día a las 03:57 a.m. con 13 tripulantes. En esta oportunidad, Manuel López Rodríguez ingresó al país el 3 de agosto proveniente de los Estados Unidos, pues se encontraba en Amman desde el 1 de junio, y Luis Frank Aybar Cancho regresó de Colombia el mismo día.

Siempre con la idea de lograr una ganancia colateral aprovechando el retorno del avión con la bodega vacía, esta vez Ivachine decidió exportar madera, procediendo a cargar la aeronave con 8,000 pies de cedro con un peso de 14,677 kgs, consignando como destinatario a la empresa jordana *United Industries* y como exportadora a la empresa *Nippon Corporation*, de propiedad de los Aybar Cancho.

Con relación a este viaje, se produjo un intenso desplazamiento de los principales agentes de esta red a diversos países. El mismo día que arribó el avión, Shapiama llegó al Perú, mientras que Brichani Aybar Cancho partió a Venezuela. Por su parte, Luis Frank Aybar Cancho viajó a Colombia el 7 y López Rodriguez se fue a Alemania el 12 de agosto. Brichani Aybar llegó de Colombia el 16 y Luis Frank Aybar el 18. Acelor arribó el 19 de agosto de los Estados Unidos y López Rodríguez el 29 de Holanda. Esta actividad demuestra el verdadero y complejo carácter transnacional de esta red criminal, que de manera exitosa movilizó armas y dinero, y que permitió la articulación de agentes legales e ilegales a lo largo de distintos países. Las características de la estructura de la red se presentan a continuación.

Capítulo 5

La red "Montesinos-FARC"

Por: Eduardo Salcedo-Albarán y Luis Jorge Garay-Salamanca

La red criminal descrita en el capítulo anterior ejemplifica un interesante proceso de coordinación entre nodos/agentes legales e ilegales que aprovecharon sus roles privilegiados en instituciones públicas y privadas para conformar una eficiente red criminal. Esta coordinación llama la atención sobre todo porque los nodos/agentes involucrados operaron en países tan alejados como Jordania y Perú. Específicamente, se registró la participación de nodos/agentes de 9 países: Perú, España, Francia, Siria, Estados Unidos, Colombia, Rusia, Ucrania y Jordania.

La red "Los Zetas", que se discute en la tercera parte del presente libro, es más compleja en términos de una mayor cantidad y variedad de nodos/agentes e interacciones. Sin embargo, la presente red criminal llama la atención por el nivel de coordinación y el alto perfil de los funcionarios públicos que participaron. Como se verá en la última parte del libro, el alto perfil de los funcionarios públicos involucrados tiene efecto directo en el éxito alcanzado y, a su vez, explica la baja duración de la red. Es decir, como se discute adelante, la red "Montesinos-FARC" no resalta por su gran cantidad o variedad de nodos/agentes e interacciones, lo cual quiere decir que, en términos comparativos, representa una complejidad menor que la de la red de "Los Zetas". No obstante, la presente red es relevante por los efectos institucionales producidos, por su nivel de coordinación transnacional y por el alto perfil de los funcionarios públicos involucrados. Específicamente, como se discute en este capítulo, llama la atención la participación del Presidente de la República y de un alto funcionario del Servicio de Inteligencia Nacional.

Cuando en una red criminal participan funcionarios públicos del más alto nivel, como un presidente o jefes de las agencias de inteligencia y seguridad, los efectos institucionales tienden a ser de alto impacto. Dichos efectos, los perfiles de los funcionarios públicos involucrados y la elevada capacidad de articulación transnacional, hacen que la presente red sea útil para entender procesos de crimen sistémico que afectan el funcionamiento del núcleo de un Estado. Estos son, por lo tanto, niveles de sofisticación criminal que superan las definiciones tradicionales de corrupción e incluso de Captura del Estado. No obstante, estas mismas características también implican algunas debilidades en el nivel de resiliencia, específicamente en cuanto a la dificultad de asegurar que la red sea perdurable en el largo plazo. Son estas debilidades las que se analizan en la última parte del libro.

La exitosa articulación transnacional de la red "Montesinos-FARC" posiblemente obedece a la capacidad coordinadora del *hub* y del puente estructural. En efecto, es más difícil actuar como *hub* o puente estructural de una red cuyos nodos/agentes operan en organizaciones legales e ilegales ubicadas en distintos continentes. Sin embargo, para lograr dicha coordinación transnacional, los nodos/agentes más relevantes también tuvieron que concentrar información y capacidad de decisión, lo cual disminuyó drásticamente el nivel de resiliencia de la red. Esta disminución obedece a que, como se verá, cuando dichos nodos/agentes relevantes fueron separados de la red, fue prácticamente imposible reemplazarlos y la red sufrió una desarticulación drástica.

Para elaborar el modelo que se expone en el presente capítulo, se procesó el expediente correspondiente a la investigación adelantada contra los funcionarios que participaron en la operación de compra y venta de armas, la cual, en últimas, llevó a la renuncia del entonces presidente Alberto Fujimori. Dicha información judicial fue analizada según los protocolos y procedimientos expuestos en la primera parte del libro.

Los nodos/agentes

Tras procesar la información judicial correspondiente al expediente de la operación de compra y venta de armas que se describió en el anterior capítulo, se identificaron 35 nodos/agentes distribuidos así: 17 privados con roles legales e ilegales, 14 funcionarios públicos, 3 guerrilleros de las FARC y 1 representante del Gobierno de Jordania. Esto quiere decir que, con la información consultada para la elaboración del presente modelo, no es posible definir la presente estructura, en estricto sentido, como una macro-red criminal. Lo cual, no quiere decir que sea trivial o sencillo caracterizar la red criminal "Montesinos-FARC", sobre todo si se tiene el propósito de definir las 4 características mínimas necesarias para la especificación de la red, a saber: (i) Cantidad de nodos/agentes, (ii) tipos de nodos/agentes, (iii) cantidad de interacciones y (iv) tipos de interacciones. Por ejemplo, entre los nodos/agentes caracterizados como privados, se cuentan ejecutivos de empresas de comercio internacional en Perú, traductores, instructores de paracaidismo y 9 traficantes de armas, incluyendo ucranianos, rusos, franceses y sirios.

Por otra parte, en esta "organización delictiva liderada por Vladimiro Montesinos Torres",[64] se registró la participación de 14 nodos/agentes con cargos públicos, entre ellos directivas del Servicio de Inteligencia Nacional (SIN) del Perú, inspectores de operación aeronáutica y ministros. De hecho, aunque Vladimiro Montesinos no era el director formal del SIN, actuaba prácticamente como director *de facto* en esta entidad que era indispensable para el funcionamiento del Estado peruano. En este sentido, la participación de Montesinos permitió poner al servicio de intereses criminales buena parte del aparato de inteligencia del Estado, de manera que la red criminal accedió a recursos con acceso restringido y privilegiado, sobre todo, en términos de información.

Finalmente, es importante señalar que pocas veces la información judicial refleja investigaciones con la calidad y profundidad necesarias para informar y evidenciar acciones ilícitas de altos funcionarios del Gobierno. Sin embargo, en este caso la información judicial y la que conoció el Procurador José Ugaz, permitió entender las formas específicas de interacción entre altos funcionarios, empresarios y criminales. Esto, gracias a la acción decidida de algunos funcionarios públicos que supieron investigar y juzgar a los miembros de la red criminal, e identificar las debilidades de la red criminal para acelerar su desarticulación.[65]

Los guerrilleros colombianos

A pesar de que la información analizada procede de expedientes judiciales del sistema judicial peruano, se documenta la participación de nacionales colombianos que son relevantes en la estructura. Específicamente, se identificaron tres nodos/agentes guerrilleros de las FARC: Tomás Medina Caracas, alias de "El Negro Acacio" (GUJECUFATMCENA), el guerrillero identificado con el código GUFALHSNB2 y una guerrillera (GUFAX). De estos, el "Negro Acacio" fue uno de los principales enlaces para concretar el tráfico y compra de armas por parte de las FARC. De hecho, según la información analizada se pudo establecer que este nodo/agente estuvo encargado de recibir las armas entregadas por Luis Frank Aybar Cancho, y que fueron compradas al Gobierno de Jordania con los procedimientos supuestamente legales descritos en la presente parte del libro.

Las interacciones

Tras procesar la información fuente se identificaron 79 interacciones. El tipo de interacción más relevante describe flujos de información, específicamente de instrucciones e indicaciones emitidas para desarrollar las actividades delictivas. Los nodos/agentes con mayor participación en las interacciones que permitieron el flujo de información son: Vladimiro Montesinos (FUPBL-JEDESEDEINNAVMT26), quien participó en 5 interacciones como funcionario público, José Luis Aybar Cancho (PR-TRDEARJLAC), quien participó en 4 interacciones como "traficante de armas", Luis Frank Aybar Cancho (PR-TRDEARLFAC), quien participó en 3 interacciones también como "traficante de armas", y Ana Doris Aybar Cancho (PRADAC), quien participó en 2 interacciones.

Coincidiendo con la participación de nodos/agentes *grises* que actúan desde roles, entidades u organizaciones legales, públicas y privadas, pero siempre favoreciendo intereses criminales de la red, el segundo tipo de interacción más importante en la red, con 13 casos, fue descrito como "celebración de reuniones". En estricto sentido, estas reuniones no pueden ser definidas como ilegales, aunque son indispensables para articular la red y la realizar sus objetivos criminales. De hecho, este tipo de interacción ejemplifica cómo una red criminal no sólo se articula mediante interacciones estrictamente criminales, o mediante actos claramente tipificados en los códigos penales, sino también mediante interacciones con apariencia de legalidad. Es así como las investigaciones judiciales sólo dan cuenta de "reuniones" que, sin visos de necesaria gravedad penal, permiten el flujo de información entre sectores legales e ilegales; en este caso, entre empresas de logística y transporte, traficantes de armas, intermediarios y funcionarios públicos del Perú. Es precisamente por este tipo de interacciones, que durante el desarrollo de este libro se ha insistido en la necesidad de investigar y entender tanto a nodos/agentes e interacciones estrictamente criminales, como a aquellos de carácter supuestamente legal.

Finalmente, con 8 casos, el tercer tipo de interacción más relevante es el de vínculos familiares entre los hermanos Aybar Cancho, lo cual, en buena medida, explica los niveles de confianza necesarios para que esta red hubiera operado con éxito. En efecto, para avanzar en procesos de cooptación y, sobre todo, de manipulación masiva y reconfiguración de instituciones, resulta necesario establecer interacciones que garanticen elevados niveles de confianza. Dichos niveles usualmente son muy difíciles o incluso hasta imposibles de lograr mediante sobornos o amenazas que, aunque pueden ser permanentes, no permiten que las partes involucradas trabajen de manera voluntaria en la búsqueda de intereses criminales comunes. En efecto, los sobornos y las amenazas no pueden contarse como fuentes de confianza entre las partes involucradas.

Muy seguramente si los vínculos familiares se hubieran extendido más allá de la red "Montesinos-FARC", hasta abarcar el entramado de interacciones establecido por Fujimori y Montesinos, entonces la red habría alcanzado mayores niveles de resiliencia y perdurabilidad a los que pudo alcanzar. En este sentido, los vínculos familiares son útiles para consolidar un elevado nivel de confianza entre nodos/agentes que, por lo tanto, tienden a convertirse en estabilizadores de la red. En este tipo de interacciones participan en la red "Montesinos-FARC", con un rol activo, principalmente los hermanos Luis Frank y José Luis Aybar Cancho, cada uno en 3 interacciones, y Brichani Wilfrido Aybar Cancho "Bryan Aybar" con 2 interacciones.

Adicionalmente, se identificaron algunos tipos de interacciones que, con 4 casos, describen interacciones consistentes en el ejercicio de actividades logísticas como transporte, así como otros vínculos directos al interior del Servicio de Inteligencia Nacional.

Los líderes de la red

Tres nodos/agentes concentran el 36% de interacciones directas de la red, lo que los convierte en agentes estabilizadores, por lo tanto, relevantes para darle a la red criminal la estructura que alcanzó: José Luis Aybar Cancho (PR-TRDEARJLAC) y Luis Frank Aybar Cancho (PR-TRDEARLFAC) con un indicador de 12,5% cada uno, y Vladimiro Montesinos Torres (FUPBL-JEDESEDEINNAVMT26) con un indicador de 11%. En este sentido, aunque Vladimiro Montesinos fue, en efecto, líder de la red criminal, los hermanos Aybar Cancho fueron los que más interacciones establecieron de manera directa. Esto, a su vez, coincide con el hecho de que los vínculos familiares son, por su naturaleza, usualmente útiles para establecer interacciones permanentes basadas en la confianza mutua, lo cual contribuye a estabilizar las estructuras de las redes criminales.

Grafo 2. Centralidad directa de la Red Montesinos-FARC

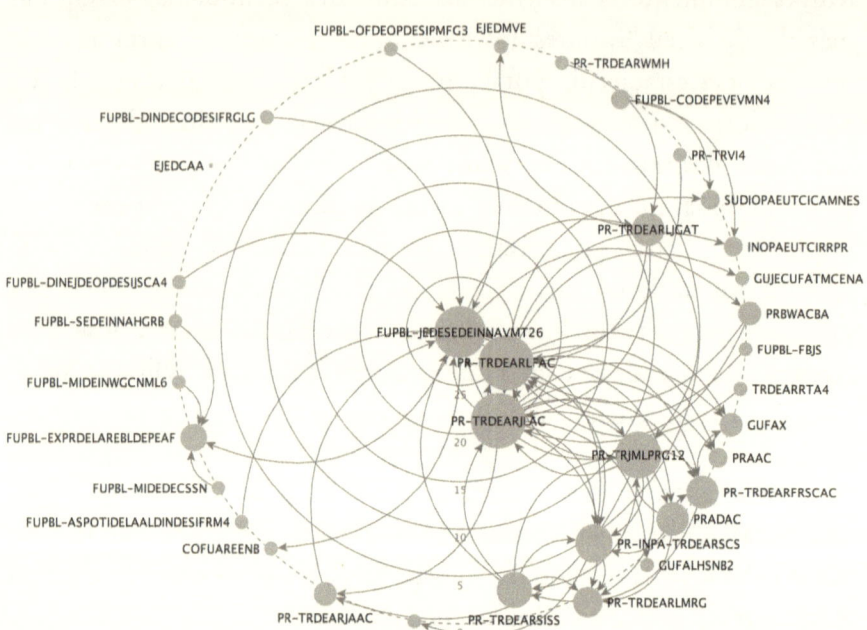

Ahora bien, es importante recordar que concentrar interacciones directas no es el único tipo de liderazgo para el funcionamiento de una red, pues también lo es la capacidad para intervenir en las rutas geodésicas de flujos indirectos de recursos que, en esta red, fueron principalmente flujos de información. Al respecto, tras calcular el indicador de intervención –*betweenness*–, se encontró que Vladimiro Montesinos (FUPBL-JEDESEDEINNAVMT26) fue el nodo/agente con mayor capacidad para arbitrar información y recursos en los flujos de la red. Este nodo/agente intervino específicamente en el 30,7% de rutas geodésicas de la red, seguido sólo por Luis Frank Aybar Cancho con 24%, y José Luis Aybar Cancho con 20,5%. El rol protagónico de Montesinos puede entenderse por su condición de nodo/agente *gris* que actuó desde una posición legal al interior de la administración pública, y por lo tanto privilegiada en el acceso a información. En este sentido, Vladimiro Montesinos sirvió de canal de comunicación entre sectores legales e ilegales, no sólo al interior del Estado Peruano, sino a través de varios países. Montesinos pudo decidir qué porciones de información y de recursos privilegiados fluían entre los nodos/agentes de la red.

Grafo 3. Indicador de intervención de la Red Montesinos-FARC

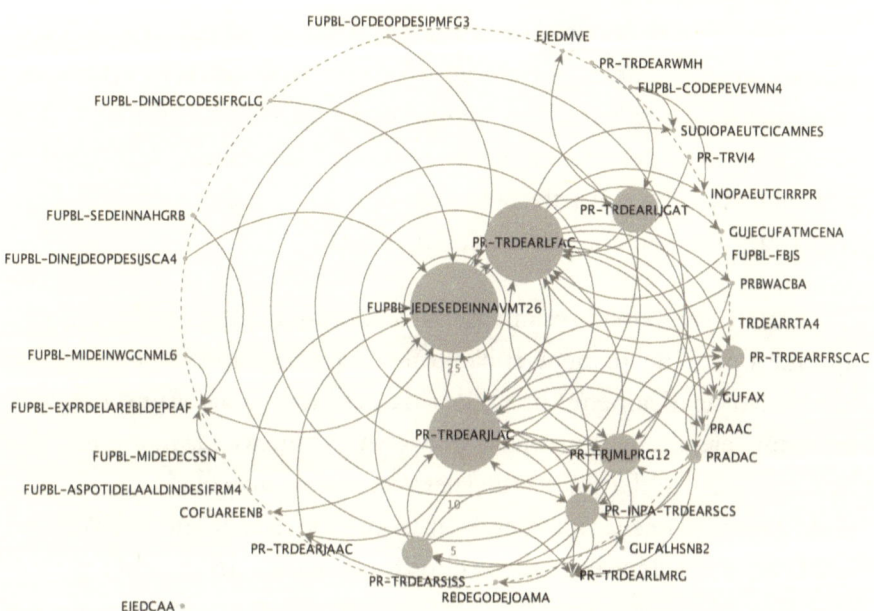

En general, los tres nodos/agentes con el mayor indicador de intervención arbitraron recursos en el 75,6% de las rutas geodésicas de la red, de manera que en términos prácticos concentraron la capacidad para decidir cómo fluía la información en la red. Es así como los mismos tres nodos/agentes que registraron los mayores indicadores de centralidad directa, registraron también los tres mayores indicadores de intervención, aunque en distinto orden: José Luis y Luis Frank Aybar Cancho concentraron la mayor cantidad de interacciones directas, mientras Montesinos fue el *puente estructural*, concentrando así la capacidad para intervenir en las rutas de información.

Resiliencia y reducida perdurabilidad

El rol de estos tres nodos/agentes permitió la rápida y exitosa operación, aunque ello fue insuficiente para garantizar la perdurabilidad de la red en el mediano y largo plazo. Tal como se explicó en el primer capítulo, la elevada centralización en el manejo de información implicó un reducido nivel de resiliencia. En la medida en que sólo tres nodos/agentes concentraron el indicador de centralidad directa y el indicador de intervención en las rutas de información, cualquier perturbación que afectara a algunos de estos tres nodos/agentes modificaría directamente la estructura de la red en su conjunto. Es así como, en efecto, una vez quedaron al descubierto las acciones de Montesinos, la estructura general de la red resultó afectada y, en últimas, la red que operaba bajo su liderazgo fue prácticamente desarticulada.

En general, el entramado criminal establecido por Fujimori y Montesinos, aunque operó de manera eficiente en un plazo aproximado de 10 años, tuvo relativamente una reducida perdurabilidad. Aunque la red reprodujo efectos institucionales graves en términos de la manipulación de decisiones legislativas y judiciales, fue casi desarticulada cuando sus nodos/agentes relevantes fueron aislados. De esta manera, pareciera que la participación decidida de altos funcionarios del Estado peruano proporcionó recursos privilegiados pero, a la vez, restó posibilidades de duración gracias a la visibilidad de los agentes y a la alta concentración de información y de interacciones directas. Esta puede entenderse, entonces, como una debilidad de redes criminales establecidas en el núcleo del Estado a nivel nacional a partir de un esquema de "*arriba-a-abajo*".

Contrastan con este caso, procesos de consolidación de redes criminales de "*abajo-a-arriba*" que comienzan estableciendo un velo de legitimidad entre ciertas bases sociales, como fue el caso del proceso adelantado por las Autodefensas Unidas de Colombia que, a lo largo de la década de los 90s y comienzos de la siguiente década, establecieron acuerdos políticos y administrativos con funcionarios públicos, políticos y agentes privados en el nivel local y regional. Esto sucedió hasta consolidar liderazgo regional en amplios territorios del país, y sólo después de dicha consolidación, las Autodefensas Unidas de Colombia accedieron al Congreso de la República de Colombia durante la legislatura 2002-2006.

La red "Montesinos-FARC", y otros casos analizados en Colombia y Guatemala, permiten inferir una relación entre eficiencia y perdurabilidad de la red. Por ejemplo, a mediados de los 90s el Cártel de Cali en Colombia involucró al entonces candidato a la Presidencia de la República de Colombia, Ernesto Samper, aportando dinero para su campaña electoral. Según información suministrada por el encargado de la contabilidad de la campaña, se supo que, el Cártel de Cali, bajo el mando de los hermanos Rodríguez Orejuela, habría aportado una cantidad aún no definida que osciló entre uno y diez millones de dólares. De hecho, en 2014 el hijo de Miguel Rodríguez Orejuela aseguró a medios de comunicación que el monto fue de diez millones de dólares, y explicó que "*el compromiso del expresidente Ernesto Samper era facilitar una ley para que el Cártel de Cali se sometiera a la justicia. No pudo cumplir porque tuvo mucha presión del gobierno norteamericano*".[66] El alto perfil del presidente de la República implicó acceso a recursos privilegiados en el corto plazo, pero también expuso a la red ante medios de comunicación, la opinión pública y gobiernos extranjeros.

Adicionalmente, la red establecida para el lavado masivo de capitales del narcotráfico con el concurso de Jorge Armando Llort en Guatemala, a comienzos de la década pasada, también involucró, al menos indirectamente, al entonces presidente de la República de Guatemala, Alfonso Portillo, extraditado a los Estados Unidos por este caso. Este constituye, entonces, otro ejemplo de alta eficiencia en el corto plazo, pero baja perdurabilidad que resulta de la participación de agentes con alta visibilidad pública como un presidente de la República.

A estas dos redes, por lo tanto, se suma la presente red "Montesinos-FARC" y el entramado de interacciones legales e ilegales establecidas con la participación directa e indirecta del presidente Fujimori. En los tres casos se observa alta eficiencia en términos de rápida realización de intereses criminales, pero una reducida perdurabilidad. Quizás como resultado de la exposición mediática y de controles públicos impuestos a altos funcionarios públicos como el presidente de la república, estas redes fueron descubiertas y juzgadas en plazos relativamente cortos. Así, entonces, sus estructuras no fueron tan resilientes como las redes criminales analizadas en la tercera parte.

Ahora bien, el menor nivel de resiliencia y perdurabilidad no implica necesariamente que la red "Montesinos-FARC" haya sido menos perjudicial que la red "Los Zetas", pues al operar desde el interior de la cúpula del Estado, logró cambios institucionales de mayor impacto. Además, al contar con recursos privilegiados por el acceso a la información de inteligencia del Estado y al manipular otros sectores de la administración pública con sobornos y amenazas, la red cooptó incluso a las instituciones encargadas de investigar, juzgar y sancionar la corrupción y las redes criminales. Como resultado, la sociedad peruana contaba con menos recursos efectivos para identificar y juzgar la red criminal. Sólo mediante mecanismos excepcionales de investigación, que principalmente consistieron en facultades especiales de investigación otorgadas al procurador *ad-hoc* José Ugaz, fue posible aprovechar las debilidades de la red, como su jerarquía rígida y la concentración de información. Esto quiere decir que habría sido casi imposible enfrentar y desarticular la red criminal con los mecanismos convencionales de investigación y, sobre todo, con las mismas instituciones de juzgamiento y sanción que la red había cooptado.

Algo similar habría sucedido, ejemplo, con el Cártel de Medellín y el Cártel de Cali durante los 80s y 90s, o con la red criminal de Alfonso Portillo en Guatemala: Los mecanismos tradicionales de investigación eran insuficientes dado el elevado nivel de cooptación alcanzado por cada red criminal. Así, para enfrentar al Cártel de Medellín confluyeron fuerzas legales de Colombia y Estados Unidos, e ilegales como grupos paramilitares, para enfrentar el Cártel de Cali fue necesaria la presión política del gobierno de Estados Unidos y para enfrentar la red criminal de Alfonso Portillo fue también necesaria la condena de una corte de Estados Unidos.

Precisamente en el siguiente capítulo se narran los hechos que permitieron conseguir la desarticulación de la red "Montesinos-FARC"; una red que, como se ha mencionado y se discute en la última parte del libro, es similar a otras estructuras criminales que han operado desde el núcleo de varios Estados en América Latina. Adicionalmente, en las siguientes secciones se muestra cómo redes criminales altamente jerarquizadas y poco resilientes también pueden generar daños graves sobre el funcionamiento de los Estados, especialmente si en dicha jerarquía participan funcionarios públicos con amplio poder de decisión y acceso a información privilegiada, y agentes del sector privado con amplio poder económico y político.

Capítulo 6

El "Plan Siberia" y la caída de la Red "Montesinos-FARC"

Por: José Ugaz Sánchez-Moreno

Encubrimiento peruano y exposición internacional

El 10 de agosto de 2000 se presentaron sin cita previa en el Servicio de Inteligencia Nacional del Perú (SIN), cuatro funcionarios de la Embajada estadounidense por encargo del Departamento de Estado. Los señores Gorelick, Tomás Sánchez y dos más pidieron hablar con el jefe del SIN, Almirante Humberto Rozas Bonnucelli, a quien le entregaron copia del pasaporte de Shapiama, una foto de éste en uniforme, fotocopia del carnet de identidad de José Luis Aybar Cancho y tres contratos:

1. Contrato PD3/132/98/16 del 23 diciembre de 1998, por la compra de 2,500 fusiles a USD$ 55 la unidad, lo que totalizaba USD$ 137,500. Este contrato estaba firmado por José Luis Aybar Cancho.

2. Contrato PD3/1/B/99/3 de abril de 1999, por la compra de 2,500 fusiles a USD$ 57 la unidad, lo que totalizaba USD$ 187,500. Este contrato estaba suscrito por Santos Cenepo Shapiama.

3. Contrato PD3/11/B/99 del 18 de julio de 1999, por la compra de 5,000 fusiles a USD$ 75 la unidad, lo que totalizaba la suma de USD$ 375,000. Este contrato fue suscrito por Santos Cenepo Shapiama.

Los funcionarios estadounidenses informaron a Rozas tener conocimiento de que ex miembros del ejército peruano estarían involucrados en la venta de armas adquiridas en Jordania a la guerrilla colombiana de las FARC y exigieron una explicación. Rozas les ofreció hacer las averiguaciones del caso e inmediatamente dio cuenta a Montesinos de la visita inopinada de los estadounidenses.

Todo parece indicar que Montesinos, al verse descubierto, convenció a Fujimori de la necesidad de convocar a una conferencia de prensa para informar al país el supuesto descubrimiento de una operación clandestina de venta de armas a la guerrilla de las FARC.

Es así como el 21 de agosto del 2000, Fujimori dió una conferencia de prensa en el Palacio de gobierno acompañado de Montesinos, los ministros del Interior y Defensa, el jefe del SIN, los generales del Ejército peruano César Saucedo y Walter Chacón, y el almirante Humberto Rozas. En dicha presentación televisada en cadena nacional, el presidente Fujimori anunció a la nación peruana que en 1999 el Gobierno peruano estableció un cordón militar a lo largo del río Putumayo en la frontera peruano-colombiana porque el SIN tenía información que se estaba abasteciendo al frente 116 de las FARC con fusiles AKM *Kalashnikov* lanzados en el punto 140 y 180. Por ello, supuestamente, el Servicio de Inteligencia ejecutó el plan denominado "Plan Siberia" desde fines de 1998 y después de un prolongado seguimiento, el 15 de agosto del año 2000 se logró detener a varias personas involucradas en estos actos ilegales.

En el operativo se detuvo a 6 personas: José Luis Aybar Cancho, teniente retirado del ejército peruano; Luis Alberto Meza Rodríguez, técnico retirado del ejército peruano; Santos Cenepo Shapiama, técnico retirado del ejército peruano y especialista en lanzamiento de carga; Carlos Ramón Reátegui Alencar, Raquel Smith Maguiña y al ruso Víctor Ivachine.

Además, se incautó un documento "fraguado" a nombre del Ministerio de Defensa, firmado por un general inexistente, el mismo que fue usado por José Luis Aybar Cancho y Santos Cenepo Shapiama para firmar sendos contratos en supuesta representación del ejército peruano para la adquisición de 10,000 fusiles AKM. La contraparte en el contrato fue un general del ejército jordano.

En este contexto se informó que mediante oficio 145 del 15 de agosto del 2000, el jefe del SIN, Humberto Rozas, se había dirigido al presidente del Consejo Supremo de Justicia Militar comunicando operaciones clandestinas de triangulación para la compra de armas en agravio del Estado peruano y se abrió proceso en el fuero militar el 15 de agosto del 2000.

A renglón seguido, Montesinos tomó la palabra y sostuvo que fue un trabajo exclusivo del SIN que se hizo en cooperación con servicios de inteligencia de otros países, pero sin participación del servicio de inteligencia colombiano. A esto, Fujimori agregó que fue un operativo con una *"configuración bastante extraña pues se adquirían armas en Amman, Jordania, hacían escala en las islas Canarias o Guyana, pero en el camino, en el viaje hacia Iquitos, lanzaban las armas en paracaídas"*. Dijo que se hicieron tres embarques: el 17 de marzo de 1999 con 2,500 fusiles, en abril de 1999 con 2,500 fusiles y en julio de 1999 con 5,000 fusiles.

Por su parte, Montesinos sostuvo que le *"había sorprendido cómo un General del ejército jordano pudo firmar estos contratos (…); felizmente por una acción oportuna del trabajo de inteligencia e intervención de la Justicia Militar y de Seguridad del Estado se ha logrado la desarticulación de esta organización"*. Añadiendo que *"a finales de diciembre se tuvo información que se iba a producir transacciones de droga a cambio de armas, orientamos el esfuerzo de búsqueda en ese sentido, y es así que el 17 de marzo de 1999 aterriza el avión Ilyushin 76 en Iquitos con tripulación rusa y ucraniana y dos peruanos, los técnicos Meza y Shapiama".*

No menos importante, Fujimori dijo textualmente en esa oportunidad: "*El doctor Montesinos depende del Presidente del Consejo de Ministros y del Presidente de la República (…); poco se conoce que el Servicio de Inteligencia y el Dr. Montesinos han contribuido enormemente a la pacificación del país, (…) han hecho una extraordinaria labor*".

Con esta información, finalizaba el supuesto reporte de cómo las agencias de seguridad peruanas habían detenido la sorprendente operación de compra y venta de armas, cuando en realidad habían sido sus verdaderos artífices.

Investigaciones en Colombia

Después de la conferencia de Fujimori, las autoridades colombianas reaccionaron encargándole al detective José Morán Pinto del Departamento Administrativo de Seguridad, DAS, que era la agencia nacional de inteligencia colombiana, la investigación del caso.

Como resultado, el grupo Interinstitucional de Análisis Antiterrorista del DAS rastreó unos fusiles de asalto BKM modelo MPKIM *Kalashnikov* incautados, a mediados de 1999, a unos guerrilleros de las FARC en los municipios de Puerto Rico, Pipiral y Guayabetal, en Departamento del Meta, en el oriente colombiano.

Por información de Interpol, se determinó que dichos fusiles fueron fabricados en Alemania del Este, pertenecían al arsenal Jordano y que era posible que los hubieran vendido a las fuerzas armadas del Perú. Las armas en cuestión fueron incautadas el 12 de junio de 1999 por tropas de la 7ª Brigada de Colombia a las cuadrillas 27-40-43-44 de las FARC. La nota de inteligencia colombiana del 19 de julio de 1999[67] confirma que los fusiles fueron producidos en Alemania en los años 1984 y 1985.

Posteriormente, en agosto del año 2000, el ejército colombiano detectó varias cajas con trozos de paracaídas en el área de Barrancominas, departamento de Guanía. Hechas las investigaciones del caso, también se encontraron los documentos de las solicitudes de sobrevuelo presentadas vía fax por las empresas húngaras y ucranianas.[68] Los mensajes, que venían de Europa, coincidían con otros recibidos de Perú, lo que fue corroborado por el reporte del piloto a la torre de control al ingresar y salir del cielo colombiano. Por su parte, el Ministerio de Relaciones Exteriores de Jordania informó que la transacción fue en realidad una venta de gobierno a gobierno sin intermediarios y, por lo tanto, lícita.

Caída del "Plan Siberia"

Como han señalado las autoridades colombianas, dos meses después de que pidieron información a Perú sobre los hallazgos de indicios de la operación ilegal de abastecimiento de armas, Fujimori convocó una conferencia de prensa el 21 de agosto del 2000 para divulgar la denominada "Operación Siberia".

Al día siguiente, 22 de agosto del 2000, el Ministerio de Relaciones Exteriores del Perú remitió la Nota de Protesta 6/80 a Jordania por el abastecimiento ilegal de armamento. Jordania respondió mediante Nota MK/3/24/772 del 30 de agosto rechazando las alegaciones del gobierno de Perú, afirmando que los contratos celebrados fueron perfectamente legales y que cualquier irregularidad en la transacción era responsabilidad exclusiva del gobierno de Perú. En dicha nota, el gobierno de Jordania aceptaba haber efectuado la venta, pero resaltó que ésta fue una venta de gobierno a gobierno, de lo cual informaron al gobierno de los Estados Unidos en su momento por ser el comprador un país de su hemisferio.

Según aparece en el expediente judicial abierto en el Perú por estos hechos, 2 testigos vinculados al servicio de inteligencia peruana habían declarado que nunca tuvieron esa información hasta antes de que los funcionarios estadounidenses visitaran el SIN para pedir explicaciones con la documentación relativa a la compra de los fusiles.

De hecho, según archivos del SIN, el "Plan Siberia" era un operativo para detectar acciones de tráfico ilícito de drogas y no de tráfico de armas. Sin embargo, no existe algún informe que vincule a los hermanos Aybar Cancho o su entorno con actividades de tráfico de drogas. La embajada estadounidense en el Perú entregaba USD$ 60,000 mensuales para todos los planes de inteligencia de la Dirección Antidrogas de la Policía Nacional del Perú, DIRANDRO, monto que formaba parte de las partidas secretas manejadas por Montesinos, quien obviamente no rendía cuentas de los fondos.

El general Dennis Del Castillo, jefe de la DIRANDRO, se presentó donde el jefe del SIN, almirante Rozas Bonuccelli, señalando que el supuesto "Plan Siberia" no se había autenticado ni firmado por la jefatura. Al ser cuestionado por las autoridades judiciales acerca de por qué había aceptado esa situación, dijo que lo hizo porque el *Doctor Montesinos ya lo ha dispuesto y ordenado así*".

Según declararon el ex asesor del Servicio de Inteligencia Nacional, Rafael Merino Bartet, y el director técnico de la Oficina de Asesoría Jurídica del SIN, Pedro Huertas Caballero, la investigación del "Plan Siberia" fue manipulada con Notas de Inteligencia elaboradas por el SIN de la noche a la mañana, como si fueran resultado de investigaciones iniciadas tiempo atrás. Es así como Fujimori reconoció que no conocía el "Plan Siberia" y que no recuerda quién convocó a la conferencia de prensa en la que lo presentó como un logro de su gobierno. A nivel judicial, ha aceptado que fue informado recién el día anterior por Montesinos, quien le hizo creer que la nota de inteligencia que le mostró era cierta, sin saber que la DEA realmente había descubierto el caso.

De otro lado, según Juan del Aguila Baluarte, Director de Seguridad del Estado de Perú, cuando el 17 de agosto del 2000 fue convocado al SIN para encargarse de investigar el tráfico de armas, no existía registro o control de denuncia alguna por estos hechos.

Resulta evidente que al verse descubiertos, Montesinos y Fujimori procedieron a estructurar un montaje escénico desesperadamente y contra el tiempo, para centrar la responsabilidad por la compra y venta ilegal de armas en los eslabones más débiles de la cadena, a quienes traicionaron abiertamente y convirtieron en chivos expiatorios. Según se supo después, el plan original de Montesinos era eliminar –entiéndase asesinar– a todos los actores de esta operación clandestina, pero al no poder asegurar el éxito del resultado, optó por inventar el "Plan Siberia", procediendo a detener a todos los involucrados y acusarlos de pertenecer a una organización criminal desconectada de su propia red delictiva en el poder.

Condenas finales

Luego de la caída del régimen fujimorista y la impresionante estructura de la red criminal que éste dirigía, el denominado "Caso FARC" con su respectiva "Operación Siberia" tomó un giro inesperado, pues libre del control de Montesinos, la justicia peruana pudo desenmarañar la madeja hasta llegar a la verdad.

Después de varios años de juicio, el tribunal peruano que juzgó el caso llegó a la conclusión de que el plan que le mostraron a la jueza como si fuera el "Plan Siberia" destinado a desbaratar el abastecimiento ilegal de armas a la guerrilla colombiana, no era el plan original y que se trató de una farsa destinada a encubrir la verdad: que en esta operación ilegal estaban comprometidos el propio presidente de la República y su asesor personal.

El proceso penal se instauró para la investigación de los siguientes delitos: (i) Delito contra la Seguridad Pública –delito de peligro común–, por suministro ilegal de armas de fuego; (ii) delito contra el Estado y la Defensa Nacional –delito que compromete las relaciones exteriores del Estado–, por violación de la soberanía de un Estado extranjero, actos hostiles contra un Estado extranjero y conspiración contra un Estado extranjero; (iii) delito contra la tranquilidad pública –delito contra la paz pública–, por asociación ilícita para delinquir; (iv) delito contra la Administración de Pública –contra la administración de justicia–, por encubrimiento personal; (v) delito contra la fe pública –falsificación de documentos en general–, por falsedad material y falsedad genérica; y (vi) delito contra la Administración Pública –usurpación de autoridad, títulos y honores–, por usurpación de funciones.

Luego de más de 7 años de ocurridos los hechos, el 21 de septiembre del 2006, la Primera Sala Penal Especial de la Corte Superior de Lima emitió sentencia en el expediente 38-2001, condenando a todos los procesados. Esta sentencia fue apelada por los procesados y confirmada por la Sala Penal Permanente de la Corte Suprema el 31 de agosto del 2010,[69] confirmando las siguientes penas para los acusados: (i) Vladimiro Montesinos Torres: 20 años de prisión; (ii) Luis Frank Aybar Cancho: 15 años de prisión; (iii) José Luis Aybar Cancho: 15 años de prisión; (iv) Juan Manuel López Rodríguez: 15 años de prisión; (v) Charles Acelor: 15 años de prisión; (vi) Santos Cenepo Shapiama: 15 años de prisión; (vii) García Tamariz: 8 años de prisión; (viii) Brichani Aybar Cancho: 6 años de prisión; y (iv) Alberto Meza Rodríguez, cómplice: 6 años de prisión.

Por su parte, el ex presidente Alberto Fujimori no ha podido ser procesado por estos hechos a fin de establecer su verdadera participación, debido a que estos delitos no están entre los que fueron materia de la extradición concedida por el gobierno de Chile.

PARTE 3

UNA RED DESCENTRALIZADA
Y RESILIENTE:
"LOS ZETAS" Y EL TRÁFICO
DE HIDROCARBUROS

CAPÍTULO 7

"Los Zetas", de la violencia irracional a la red organizada de violencia

Por: Francisco Gómez

Si alguien se preguntara por qué y de dónde surgió en México la organización criminal conocida como "Los Zetas", y cómo es posible que haya sembrado la violencia y el terror en amplias zonas de la República mexicana y sea motivo de alarma para naciones como Estados Unidos y algunas de Centro y Sur América, sería sencillo armar un discurso a partir de la corrupción gubernamental y la carencia de instituciones efectivas y sólidas en seguridad y justicia en el país. Todo esto es cierto, pero no explicaría el fenómeno por completo.

El discurso no debe restringirse a lo que es evidente. Es necesario por lo tanto ir al fondo para encontrar las claves que explican cómo un grupo criminal se consolidó como una organización delictiva con altos niveles de eficiencia y diversificación en sus actividades ilegales, e incluso en algunas aparentemente legales. Tan rápida y directa resultó esta conversión de "Los Zetas" hacia lo "legal", que hoy es difícil identificar las redes criminales que consolidaron. A pesar de los cambios observados en la dirección del grupo, sus redes siguen operando el tráfico de drogas y una serie de delitos que tienen su inconfundible sello.

A partir de esta consideración es indispensable hacer una retrospectiva sobre "Los Zetas" para entender cómo lograron controlar parte del tráfico de drogas en México al punto de extender sus redes criminales al robo de combustible de la, hasta hace poco, empresa de propiedad estatal, Petróleos Mexicanos (Pemex), e incluso invertir en una empresa asociada a la compañía.

En este capítulo, de forma narrativa, se mostrará cómo "Los Zetas" desentrañaron en pocos años el negocio criminal de las drogas y entendieron la lógica de otras actividades, hasta reconocer lo redituable de realizar "inversiones legales" y ser socios de empresas privadas para ampliar sus ganancias. Basta reconocer que "Los Zetas" lograron un papel predominante en sus relaciones con Pemex, empresa estatal sostén de la economía mexicana desde hace décadas, al punto de lucrarse dentro y desde fuera de la empresa.

"Los Zetas" al igual que sus hoy rivales del cártel del Golfo y el Cártel de Sinaloa, han autorizado a particulares y compañías el robo de combustible a través de la instalación de tomas clandestinas en los ductos de la petrolera, lo cual ha beneficiado incluso a empresas de Estados Unidos. Además, por si fuera poco, "Los Zetas" controlan a empleados y líderes del sindicato de trabajadores petroleros.

Como lo ha señalado Ana Lilia Pérez, estas redes criminales se han servido *"del sistema de distribución de Pemex para traficar sus drogas (…), operar gasolineras y abastecer de refinados a otros depósitos pertenecientes a la Red de Estaciones de Servicio de la Franquicia Pemex".*[70] Como en el caso del empresario Francisco "Pancho" Colorado, también se sirvieron de una empresa aparentemente legal para prestar servicios a Pemex y obtener contratos millonarios; es decir, no siendo suficiente con saquear la empresa y traficar lo robado, también "se volvieron contratistas"[71] del mismo Pemex. Esta es la historia.

Breve mirada al surgimiento de "Los Zetas"

En la historia criminal en México el llamado cártel de "Los Zetas" será recordado como una organización con orígenes directos en instituciones oficiales como el Ejército y la Procuraduría General de la República (PGR). Ampliamente ha sido documentado cómo, en un primer momento, algunos integrantes de este grupo de ex militares fueron comisionados para realizar tareas de investigación en la Policía Federal y frenar el tráfico de drogas en la zona norte de México.

La intención de esa medida era evitar que narcotraficantes asentados en la zona siguieran corrompiendo e infiltrando las filas policiales y resultaran nulos los esfuerzos para evitar el narcotráfico hacia Estados Unidos, país que se ha convertido en el guardián y supervisor, a su modo, de la lucha antidrogas. Sin embargo, en este caso la medicina resultó peor que la enfermedad.

Los militares comisionados fueron rápidamente asimilados por los narcos, fenómeno que si bien era previsible, no se creyó que sucediera tan rápido, en un contexto en el que el sistema mexicano de justicia y seguridad se encontraba (como aún hoy) asediado por la corrupción vertical y horizontal. Policías mal pagados, poco preparados y mal equipados, sin sentido de responsabilidad pública y de la ética; jueces en muchas ocasiones cooptados, sin capacidad para atender asuntos de gravedad como los del crimen organizado; militares habilitados como policías que desconocen el sentido social de la seguridad pública; prisiones en pésimas condiciones de seguridad y nichos de corrupción; nula rendición de cuentas y transparencia, son entre una larga lista de males, las condiciones que se viven en la seguridad y la justicia de amplias regiones de México.

En este ambiente crítico, Arturo Guzmán Decena, a la postre conocido como "El Zeta 1", creador de "Los Zetas", entabló relación con el capo Osiel Cárdenas Guillén cuando fue comisionado a finales de la década de 1990 a tareas de policía en Tamaulipas. El poder persuasivo y corruptor de Cárdenas Guillén quedó en evidencia porque desde primer momento Decena Guzmán se convirtió en su aliado, protegiendo las operaciones ilícitas del narcotraficante.

En ese periodo, cerca de 1998, Osiel Cárdenas había pasado de ser un simple "robacoches" a ser un importante jefe dentro del cártel del Golfo, y su desmedida ambición pronto le valdría el sobrenombre de "El mata-amigos". Para ello, poco a poco formó un grupo cercano de hombres leales y peligrosos, varios de ellos con experiencia militar.

En las filas de la milicia mexicana existen desde hace décadas muchos ejemplos de militares, incluso de alto rango, vinculados al crimen y en especial al narcotráfico, pero hasta antes de "Los Zetas" no se había conformado un grupo tan cohesionado y especializado que se perfilara como organización criminal eficiente, al punto de retar a las autoridades policiales y castrenses de México y países cercanos.

La relación corrupta que Osiel Cárdenas Guillén inició con militares comisionados como policías en la lucha antidrogas, para que lo dejaran operar en la población de Matamoros, frontera de Tamaulipas con Estados Unidos, le permitió conformar su propio ejército para confrontar a quien se opusiera en su ambición de ser jefe máximo del Cártel del Golfo. Es así como en las postrimerías de 1999, Cárdenas Guillén concretó la idea de su propio ejército de sicarios, cuando el ya ex militar y ex policía Arturo Guzmán Decena fue instruido por el capo para seleccionar entre sus ex compañeros a un grupo que fuera adiestrado para protegerlo y ayudarlo a enfrentar a sus enemigos del Cártel del Golfo.

Osiel decidió que el nombre de su grupo armado fuera "Los Zetas", por la simple razón de que la policía usa la clave "Z" para referirse a muertos o asesinados. La relación de la última letra del alfabeto con la muerte y su grupo de sicarios resultaba evidente, además de que a cada miembro se le asignaría un número conforme a su ingreso al grupo de sicarios. Guzmán Decena se convirtió entonces en "El Z-1".

El surgimiento de "Los Zetas" se produjo cuando el cártel del Golfo se debatía en luchas internas. Es así como desde la captura y deportación a Estados Unidos de su otrora máximo jefe, Juan García Abrego, el 14 de enero de 1996, no había surgido otro líder que ejerciera un férreo control de esa organización criminal. De hecho, quienes quisieron controlar "Los Zetas" terminaron muertos, como Hugo Baldomero Medina Garza, "El señor de los *trailers*"; Salvador "El Chava" Gómez, José Dioniso García "El Chacho", entre otros. Todos murieron bajo la marca de "Los Zetas" y quien se encumbró en el Cártel del Golfo fue Osiel Cárdenas Guillén, junto a su hermano Ezequiel, conocido como "Tony Tormenta".

El olfato criminal de Osiel le mostró que su victoria en gran medida resultó del apoyo incondicional de "Los Zetas", por lo cual tomó una decisión sin precedentes en el narco Mexicano. Buscando asegurar la lealtad de sus hombres, otorgó a su cuerpo de sicarios un lugar en la cúspide de la organización delictiva, permitiéndoles compartir ganancias directas de todos los negocios del cártel.

Aunque la maniobra ejecutada por Osiel Cárdenas Guillén le permitió en ese momento contar con el soporte necesario para controlar el cártel del Golfo, también abrió la puerta para que luego –en 2010– "Los Zetas" asaltaran el poder dentro del mismo Cártel del Golfo. "Los Zetas" se sintieron ya sin necesidad de rendir cuentas al Cártel del Golfo y a sus jefes, cuando conocieron que Osiel Cárdenas Guillén –detenido en marzo de 2003 y quien aún luego de su encarcelamiento seguía ejerciendo su poder a través de su hermano "Tony Tormenta"–, pactó con el gobierno de Estados Unidos y se volvió testigo colaborador para las autoridades de ese país.

Cuando se produjo la división entre el cártel del Golfo y "Los Zetas", los últimos ejercían el monopolio de las armas y de la violencia en el Estado de Tamaulipas, habían establecido contactos para realizar negocios de drogas y de otra índole por su cuenta, y habían ampliado su poder e influencia en gran parte del territorio nacional Mexicano.

Los inicios

Las primeras noticias que se tuvieron sobre "Los Zetas" datan de 2001 como rumores cada más insistentes en círculos policíacos, pero las autoridades rechazaban de manera reiterada que se tratara de militares reclutados por el narco. Como esta negación no han sido pocos los "resbalones" o equívocos en que han incurrido las autoridades mexicanas. Por ejemplo, en 2006 el Ejército llegó al punto de negar la existencia del grupo, pues para ese año eran considerados sólo un mito.

Así, en febrero de 2002 "Los Zetas" a bordo de poco más de 20 camionetas, vestidos con uniformes color negro, encapuchados y fuertemente armados, tomaron la plaza principal de la población tamaulipeca de Nuevo Laredo, para acordar con el entonces jefe del narco en ese lugar, José Dioniso "El Chacho" García, el paso de drogas por esa frontera. Sin embargo, todos supieron que en realidad ésta era una demostración de fuerza y una amenaza de Osiel Cárdenas Guillén.

Para ese momento, el nuevo capo ya había demostrado su poder al eliminar a sus ex amigos y rivales Hugo Baldomero Medina Garza, "El señor de los *trailers*", y a Salvador "El Chava" Gómez. Eso le permitió controlar casi todo el Estado de Tamaulipas, de manera que sólo le faltaba entrar a la ciudad de Nuevo Laredo para consolidar el control territorial del Cártel del Golfo.

El grupo de "Los Chachos" reaccionó como Osiel esperaba. Intentó emboscar a sus enviados, pero éstos rompieron el cerco. "Los Zetas" ya eran un grupo cohesionado y preparado para estas misiones. Desde ese momento Cárdenas Guillén desató con "Los Zetas" una cacería contra José Dionisio García y otros jefes del narcotráfico locales que le impedían dominar en la frontera de Nuevo Laredo, cruce internacional de la mayor importancia entre México y EEUU.

A la postre, el grupo de ex soldados al servicio de Osiel acabó con "El Chacho" y sus cómplices, aunque para ello hubo un baño de sangre con asesinatos de miembros de la organización de Dioniso y de policías. La venganza duró hasta exterminar todo vestigio de sus contrincantes. Eso significó el encumbramiento de Cárdenas Guillén y de "Los Zetas" dentro del Cártel del Golfo.

Para ese entonces, ya vencidas por las evidencias públicas, las autoridades militares mexicanas y de la Procuraduría General de la República aceptaron que había un grupo de sicarios, todos ex militares. Incluso, las autoridades divulgaron una imagen con las fotos y nombres de los 34 ex miembros de las fuerzas armadas que integraban a "Los Zetas". Para finales de 2014, de los 34 miembros originales de "Los Zetas" sólo seis se mantenían prófugos y presuntamente activos: Carlos Vera Calva, "El Vera"; Daniel Enrique Márquez Aguilar, "El Chocotorro"; Rogelio "El Guerra" Ramírez,; Prisciliano Ibarra Yepis, Jorge "El Chuta" López, Eduardo Estrada González y Víctor Nazario Castrejón Peña.[72]

Los informes de las actividades de los seis integrantes de "Los Zetas" que aún se encuentran prófugos son escasos, e incluso las autoridades poco han divulgado acerca del nivel que éstos ocupan u ocuparon dentro de la estructura de mando. Sin embargo, sus nombres aún aparecen en la lista de los más buscados por parte de autoridades mexicanas y estadounidenses.

Entre los once integrantes de "Los Zetas" que murieron, se encuentran además de su primer líder y fundador, Arturo "El Z-1" Guzmán Decena, los siguientes: Heriberto Lazcano Lazcano, "El Lazca" o "El Verdugo"; Galdino Mellado Cruz, "El Mellado"; Gustavo González Castro, "El Erótico"; Luis Alberto Guerrero Reyes, "El Guerrero"; Efraín Teodoro Torres, "El Chispa"; Braulio Arellano Domínguez, "El Gonzo"; Óscar Guerrero Silva, "El Winnie Pooh"; Alberto Trejo Benavides, "El Alvin", y Ernesto Zatarín Beliz, "El Traca". Por otra parte, a la fecha, los detenidos son: Jesús Enrique Rejón, "El Mamito"; Lucio Hernández Lechuga, "El Lucky"; Flavio Méndez Santiago, "El Amarillo" o "El Armadillo"; Miguel Ángel Soto Parra, "El Parra"; Gonzalo Geresano Escribano, "El Cuije"; Enrique Ruiz Tlapanco, "El Tlapa"; José Ramón

Dávila, "El Cholo"; Omar Lormendez Pitalúa, "El Pita"; Jaime González Durán, "El Hummer"; Mateo Díaz López, "Comandante Mateo"; Eduardo Salvador López Lara, "El Chavita"; Isidro Lara Flores, "El Colchón"; Alfonso Lechuga Licona, "El Cañas"; Nabor Vargas García, "El Débora"; Germán Torres Jiménez, "El Tatanka", y Daniel Pérez Rojas, "El Chachetes", quien fue detenido en Guatemala, además de Luis Reyes Enríquez, El Rex, quien es el único de Los Zetas que ha recuperado su libertad, pues el 15 de abril de 2015 quedó libre tras cumplir cerca de ocho años en prisión.

Dos de los últimos máximos líderes de "Los Zetas", los hermanos Miguel Ángel y Omar Treviño Morales, se sumaron casi al final de la conformación del grupo fundador, por lo cual no aparecen en los primeros reportes y carteles con fotografías que las autoridades publicaron cuando ya era un escándalo la presencia de este grupo delictivo. Esos hermanos, considerados entre los más violentos miembros de "Los Zetas", se encuentran detenidos. De hecho, los hermanos Treviño Morales condujeron la confrontación entre "Los Zetas" y el Cártel del Golfo a una verdadera guerra en la zona fronteriza de Tamaulipas, por ello se les considera autores de masacres como la de 72 migrantes en la población de San Fernando, además de causar el desplazamiento masivo de miles de pobladores de la franja fronteriza.

Aunque es verdad que menos de una tercera parte de "Los Zetas" originales siguen liberes y posiblemente activos, la operación del grupo se expandió y reprodujo a lo largo de los últimos 15 años a por los menos 19 estados de México, donde han reclutado o se les han unido pandillas y cientos de miembros. Así, su presencia se ha detectado en diferente intensidad en los estados de Tamaulipas, Nuevo León, Coahuila, Sonora, Zacatecas, Aguascalientes, San Luis Potosí, Hidalgo, Veracruz, Tabasco, Chiapas, Quintana Roo, Yucatán, Guerrero, Michoacán, Puebla, Oaxaca, estado de México y en el Distrito Federal.

Todas esas entidades, y varios países de Centroamérica, padecen o han padecido problemas de inseguridad por la presencia de "Los Zetas", que van desde la infiltración y corrupción oficial, hasta la ejecución de acciones violentas expresadas en homicidios o "ejecuciones", extorsiones, desapariciones y "levantones" o secuestros. De hecho, en los últimos años, las autoridades federales y militares han denunciado la participación o incursión de "Los Zetas" en acciones de tráfico, reclutamiento forzoso y masacre de indocumentados.

Aunque prácticamente la base original de los integrantes de "Los Zetas" está por desaparecer, los cimientos de la organización criminal se volvieron altamente redituables, de manera que sus precursores se han replicado con eficacia en diferentes regiones de México. La estructura de funcionamiento de "Los Zetas", como confesaría en algún momento el extinto zar antidrogas de México, José Luis Santiago Vasconcelos, se convirtió en una franquicia que adquirieron muchos grupos delincuenciales y que, por lo tanto, está lejos de desaparecer.

Así, los primeros integrantes de "Los Zetas", reclutados entre ex militares cuya característica usual era haber pertenecido al primer Grupo Aeromóvil de Fuerzas Especiales (GAFES) de la Secretaría de la Defensa Nacional (SEDENA) o tener formación castrense, les permitió asegurar identidad y coordinación durante el adiestramiento que recibieron. El principio rector de la cooptación de sus integrantes ha servido para que el modelo y los métodos de violencia que "Los Zetas" ejercen, sigan replicándose a pesar de los intentos por frenarlos.

Adiestramiento y métodos73

Hay diversas versiones sobre cómo fue reclutado el grupo inicial de "Los Zetas". Un testigo colaborador identificado como "Rafael" reveló a fiscales federales que una parte importante del grupo inicial de "Los Zetas" fue reclutado en el Estado de Hidalgo, donde la mayoría o casi todos se habían desempeñado como militares durante la mayor parte de la década de los años 90. Otros estuvieron en la milicia en Puebla, estado de donde era originario el fundador del grupo criminal, el fallecido

Arturo Guzmán Decena, "El Z-1". Otros miembros eran militares comisionados en la PGR.

El mismo testigo protegido señaló que el fallecido Guzmán Decena ordenó que todos los reclutados se concentraran en Matamoros y de ahí fueran trasladados para recibir un curso a cargo de otros "Zetas". El primer adiestramiento fue impartido por el también muerto Luis Alberto Guerrero Reyes, "El Z-5" y el ex teniente del Ejército, Carlos Hau Castañeda, "El comandante Hau", de quien no se ha vuelto a mencionar su nombre en otras investigaciones como integrante de "Los Zetas": "*El entrenamiento se llevó a cabo durante un mes en un sitio de seguridad llamado Punto Selva, que se encontraba dentro del municipio de Matamoros*", precisó el informante.

El primer curso que recibieron "Los Zetas" originales no fue más que el inicio de su preparación y del reclutamiento de más ex militares, pues en septiembre de 2001, Osiel Cárdenas ordenó que todo el grupo de sicarios fuera trasladado a Nuevo León para recibir más adiestramiento militar. Por otra parte, el testigo protegido identificado como "Geraldine" señaló que "Los Zetas" recibieron adiestramiento en los ranchos "Las Amarillas", ubicado en China, Nuevo León, así como en otro rancho localizado en la carretera de Ciudad Victoria-Matamoros, cerca del municipio de San Fernando.

Los instructores del curso de adiestramiento en ambos estados fueron Daniel Pérez Rojas, "El Cachetes"; Héctor Robles Duarte, "El Caballo", e Isidro Lara Flores, "El Colchón". El curso duró dos meses. A partir de ese momento, "Los Zetas" realizaron más operaciones, señaló el testigo colaborador identificado como "Rafael". De esta forma y al estar permanentemente entrenados bajo la disciplina y táctica militar, "Los Zetas" originales participaron en choques armados no sólo con enemigos y policías, sino incluso con soldados de fuerzas especiales mexicanas.

La muerte de Arturo Guzmán Decena, "El Z-1", a manos de agentes federales en un restaurante de Matamoros llamado "Pisa y Corre" el 21 de noviembre de 2002, durante un encuentro con una mujer con quien mantenía una relación sentimental, no significó la desaparición de la red criminal, como tampoco lo significaría la captura un año más tarde de Osiel Cárdenas Guillén, su creador.

A su vez, otro testigo protegido identificado como "Paco", agregó que actualmente existen ya varias generaciones de "Los Zetas" que operan en distintos estados de la República mexicana, donde son adiestrados y se gradúan según las habilidades que demuestren: "*A los graduados les dan un centenario grabado en una de sus caras con una Z y en la otra un mapa del estado de Tamaulipas. Esto lo sé porque a mí me lo dieron*", explicó el testigo colaborador.

La estructura de "Los Zetas", según informó el testigo protegido "Paco", sigue un orden en el que se diferencia a los integrantes del grupo criminal que provienen de la milicia o de un cuerpo policial, sobre quienes son de origen civil. Así, quienes tienen como identificación la clave "L" son civiles que no provienen de alguna corporación policiaca o militar, mientras que la "Z" designa a quienes fueron militares o policías.

Según testimonios recogidos por fiscales federales, en la red criminal de "Los Zetas" hay rangos, jerarquías, e incluso a algunos se les adiestra en formación ideológica. Por ejemplo, a un "Zeta" original, ya detenido, Sergio Enrique Ruiz Tlapanco, "El Tlapa", el Ejército le aseguró un libro hecho por "El Lazca" o "El Verdugo", para entrenar, preparar y disciplinar a los integrantes de la organización bajo un mismo concepto.

Para "Los Zetas" originales la preparación y disciplina son de suma importancia, pues esta manera de operar y formar nuevos cuadros criminales les ha reportado beneficios. Así han reproducido una formación similar a un Estado Mayor para designar comandantes en cada plaza, decidir dónde se mueve a su gente y contra quiénes deben ejecutarse los operativos.

En el nivel más bajo están a quienes se denomina "Halcones", que son los "ojos de la ciudad" o vigilantes que se nutren de taxistas, adictos, pandilleros o desempleados, que junto a policías y ex militares son reclutados de forma permanente. El siguiente nivel es el de los encargados de las "tiendas" o "puntos", a quienes se les conoce como los de "Productividad"; siguen los "L" o "Cobras", que son los ayudantes o encargados de proveer la seguridad de "Los Zetas", por lo que usualmente están equipados con una arma larga y una corta. El siguiente nivel es el de "Los Zetas Nuevos", quienes son los llamados "Kaibiles", ex militares guatemaltecos que tuvieron entrenamiento especial y que siempre tienen las mejores armas largas y cortas, granadas, chalecos antibalas y cascos, y son los encargados de entrar primero a las casas, de revisarlas y de llevar el mando en los operativos; además, son los encargados de ejecutar víctimas porque suponen que ello les da más fuerza y hace honor a su categoría de "Los Zetas Nuevos".

Incluso en caso de enfrentamientos, los "L" o "Cobras" tienen orden de no disparar hasta que no lo hagan u ordenen "Los Zetas Nuevos" y durante las detenciones o levantones, los "L" son los encargados de esposar a los sujetos y subirlos a los vehículos, mientras "Los Zetas Nuevos" dirigen el operativo. Fuera de los "Kaibiles" guatemaltecos hay todavía en ese nivel algunos miembros del inicial Grupo Aeromóvil de Fuerzas Especiales (GAFES) de la Secretaría de la Defensa Nacional (Sedena); los desertores del Ejército mexicano con entrenamiento especial.

Adicionalmente, en la red criminal de "Los Zetas" se encuentran los "Cobras Viejos" o "L Viejos", que son miembros de confianza, que carecen de formación militar y sólo pueden ser comandantes de los "L" o "Cobras". Este es el caso de Miguel Treviño, "El 40",[74] de su hermano Omar Treviño, "El 42", y de "El 02", conocido también como "Meme Flores".

Finalmente, se identifican los "Zetas Viejos", que son casi 40 miembros originales que en su mayoría fueron ex GAFES que participan en la red desde finales de los años 90 y principios del 2000: "El comandante Mateo", "El Mamito", "El Hummer", "El Rex", "El Caprice", "El Tatanka", "El Lucky", "El Paguita", "El Cholo", "El Ostos", "El JC", "El Cachetes", El Pita", El Bedur", "El Cuije", "El Chispa", "El Chafe", "El Tizoc", "El Tejón", y "El Flaco", entre otros. Actualmente, varios de los "Zetas Viejos" han muerto o han sido capturados, de manera que ya son pocos quienes originalmente formaron a "Los Zetas" y continúan activos. También, los integrantes de este nivel se hacen llamar en ocasiones "Los Licenciados", "Los Maestros" o inclusive "Los Ingenieros", para evitar ser identificados cuando sus teléfonos están intervenidos.

Además de los anteriores niveles, el encargado de cada plaza donde opera la red criminal cuenta con "Informantes", un "Contador" y un "Sicario"; éste último es el responsable de la seguridad personal del comandante. Por una parte, "el Informante" es usualmente una persona con conocimiento del lugar, capaz de entablar relaciones, quien usualmente no tiene problemas judiciales y cuya asesoría está siempre disponible para la red criminal. El "informante" se mueve principalmente en la ciudad y depende directamente del comandante de la plaza. Por otra parte, el "Contador" se encarga de controlar los recursos económicos de la organización en la plaza, por lo que es quien paga los sueldos de los miembros de la red, así como la nómina de sobornos a servidores públicos que colaboran con la red. El "Contador" tiene en su poder las llamadas "nóminas" donde se registran los nombres de cada servidor público involucrado.

La expansión

La lucha que entabló Osiel Cárdenas con "Los Chachos" no estuvo exenta de riesgos, pues los últimos, en su desesperación, recurrieron a la ayuda del Cártel de Sinaloa, que también ambicionaba entrar a Nuevo Laredo. "Los Zetas" y el Cártel del Golfo hicieron sucumbir a "Los Chachos" y a su líder, José Dionisio García, pero a la par también se abrió un frente de batalla directamente con Joaquín Guzmán Loera,

"El Chapo Guzmán", en la disputa de ese punto fronterizo, importante para el paso de drogas a Estados Unidos.

Después de cruentos enfrentamientos por el control de Nuevo Laredo, Osiel frenó la embestida del Cártel de Sinaloa y, casi simultáneamente, Cárdenas Guillén recibió el llamado de auxilio de Carlos Rosales, "El Carlitos" y de Nazario Moreno, "El Chayo", para que la "Familia Michoacana" controlara Michoacán. La confrontación con el Cártel de Sinaloa se trasladó hacia los estados de Michoacán y Guerrero, donde comenzó una violencia sin par.

"Los Zetas" después encontraron el rechazo de la "Familia Michoacana" y se abrió otro frente de guerra. Comenzaron a actuar en el sureste de México –desde Veracruz hasta Yucatán y Quintana Roo–, así como en Oaxaca, Puebla, Hidalgo, San Luis Potosí, Nuevo León, Coahuila, Zacatecas y Durango, entre otros.

La amplitud de sus operaciones poco a poco cobró víctimas en todas esas entidades. Los corredores de drogas que establecieron fueron de tal magnitud que tenían rutas para el paso de drogas y armas. También comenzaron a ver lo redituable de mantener el cobro de cuotas por "brindar seguridad" a personas, empresas o comercios. Además, controlaron la producción de piratería y la migración ilegal, y establecieron inversiones en empresas con fachadas legales.

Fue tal el crecimiento vertiginoso de "Los Zetas", que dentro del mismo Cártel del Golfo se les temía por su poder y su cada vez más arriesgado modo de operar. Poco a poco, "Los Zetas" se impusieron en las decisiones del Cártel del Golfo y comenzaron los desacuerdos.

Asalto al poder

La alianza Zetas-Golfo duraría hasta principios de 2010, cuando se formalizó la ruptura con los dos líderes del Cártel del Golfo de ese momento, Jorge Eduardo Costilla, "El Coss" y Ezequiel Cárdenas

Guillén, "Tony Tormenta", debido a diferencias en el reparto del control de plazas y del dinero producto del narcotráfico y otras actividades delictivas. El motivo específico de la ruptura fue la muerte de Sergio Peña Mendoza, "El Concorde", hombre cercano a Heriberto Lazcano Lazcano, "El Lazca" o "El Verdugo", ordenada por ambos jefes del Cártel del Golfo.

Como resultado, inició una guerra en Tamaulipas, Nuevo León y Coahuila. Además, "Los Zetas" se sintieron traicionados cuando conocieron que Osiel Cárdenas había acordado colaborar con las autoridades de Estados Unidos a cambio de protección. En ese momento, nada ataba "Los Zetas" al Cártel del Golfo y decidieron erigirse como grupo independiente, dando paso a un capítulo más de la historia negra del narcotráfico en México.

El baño de sangre que se produjo entre 2010 y 2012 fue de una dimensión inusitada, al grado de que varios poblados, antes prósperos, fueron arrasados por la violencia de ambos bandos y poblaciones enteras huyeron de las zonas de conflicto. Emergieron pueblos fantasmas en esas entidades, especialmente en la zona fronteriza. Ejecuciones masivas, mensajes amenazantes o videos en los que se ejecutaba a enemigos, se volvieron sucesos alarmantes pero cotidianos.

Por su parte, el Cártel del Golfo se encapsuló en las poblaciones de Matamoros y Reynosa, en el estado de Tamaulipas, mientras que "Los Zetas" dominaron desde Reynosa hasta Nuevo Laredo y San Fernando. Unos y otros –aunque quizá con menor intensidad– no dejaron de efectuar sus actividades criminales de tráfico de drogas a la par de su confrontación. Como resultado, durante la última década las matanzas han sido terribles en Tamaulipas, Nuevo León y Coahuila. Los niveles de violencia llevaron a que muchos pobladores huyeran y prefirieran perder casas, tierras, vehículos, comercios y empresas, antes que la propia vida.

La cruel guerra entre "Los Zetas" y el Cártel del Golfo continúa, pese a que han caído abatidos muchos líderes de cada parte. Como muestra están la muerte de "Tony Tormenta", de Ezequiel Cárdenas Guillén, y la captura de Jorge Eduardo Costilla, "El Coss", por parte del Cártel del Golfo. También, en medio de esta vorágine, del lado de "Los Zetas" fueron abatidos o capturados Heriberto Lazcano, "El Lazca"; Galdino Mellado, "El Mellado"; Flavio Méndez, "El Amarillo"; y Lucio Hernández, "El Lucky", entre otros.

Como se mencionó, los casos más recientes de capturas de líderes y fundadores del grupo se produjeron en julio de 2013 y marzo de 2015, respectivamente, cuando los hermanos Treviño Morales fueron arrestados. El primero en caer fue Miguel Ángel Treviño Morales, "El Z-40", detenido en Nuevo Laredo, Tamaulipas, luego de controlar la red criminal y asumir la confrontación armada contra sus ex cómplices del Cártel del Golfo. Su nivel de violencia era tal que incluso dentro de las filas castrenses y de su propia organización se le temía por su falta de escrúpulos. Su captura con vida fue un logro significativo, pues ha permitido entender la operación de "Los Zetas" tras la caída de sus principales líderes.

Otro hermano, José Treviño Morales, fue detenido en Estados Unidos tras comprobarse que lavaba dinero mediante compra de caballos pura sangre y la administración de un rancho. De hecho, éste era el encargado de las finanzas en Estados Unidos, donde hasta antes de su captura era un floreciente empresario y ganadero gracias a los recursos provenientes de actividades criminales de sus hermanos en Tamaulipas y otras regiones de México.

Por su parte, Óscar Omar Treviño Morales, "El Z-42", fue capturado en Nuevo León la madrugada del 4 de marzo 2015. A pesar de ser un importante golpe contra la estructura de "Los Zetas", al paso de los meses se demostró la resiliencia de este grupo criminal y su adaptación a los cambios de escenarios creados por la muerte o encarcelamiento de sus miembros más destacados.

Un dato a destacar acerca de los hermanos Treviño Morales es que son los primeros "Zetas" de quienes se tiene documentado el establecimiento de operaciones en Estados Unidos, tanto para el paso de drogas, como para el robo de combustibles y el lavado de dinero mediante empresas que incluso prestaban servicios a Pemex. Eran, por lo tanto, ya una versión más sofisticada y refinada de "Los Zetas"; una versión que aún muchas autoridades en México no logran percibir.

CAPÍTULO 8

"LOS ZETAS" AL ASALTO DE PEMEX

Por: Francisco Gómez

Nada ni nadie podía detener el "negocio" del robo de combustible a Pemex. Eso lo tenía muy claro el jefe del Cártel del Golfo, Héctor Sauceda Gamboa, "El Karis", cuando aún trabajaba con "Los Zetas" y parte de sus actividades ilícitas era robar y traficar el condensado producido por Pemex. Actividad que *le sumó considerables ingresos para sostener la costosa estructura con la que entonces controlaba el tráfico de drogas desde Colombia y Venezuela hacia México y Estados Unidos*.[75] Por eso, su orden a "Los Zetas", cuando éstos eran sus aliados, fue terminante: debemos "rescatar" las pipas. La medida fue cumplida de inmediato. No hubo balazos ni gritos cuando salieron las "pipas" de los estacionamientos de la Procuraduría General de la República (PGR) en Reynosa, Tamaulipas, donde permanecían detenidas por transportar condensado de gas sustraído ilegalmente de las instalaciones de Pemex, del llamado Proyecto Integral Burgos.

El método para rescatar las pipas fue más que sencillo. Usarían documentos falsos, igual que lo hacían en las aduanas mexicanas, para sacar del país el condensado de gas haciéndolo pasar por solvente orgánico. La operación tan burda, según el relato de un testigo colaborador de la PGR, fue eficaz y un número indeterminado de vehículos pesados pudieron no sólo ser transportados al municipio de Valle Hermoso, sino que fueron otra vez utilizados en el hurto del hidrocarburo. Al respecto, "El Pitufo" relató: "*No sé exactamente la cantidad de pipas que sacaron del corralón de la PGR, pero sé que las trasladaron hasta Valle Hermoso, donde las resguardaron en el Campo de Futbol que se ubica por la brecha 82, y con posterioridad las mismas unidades siguieron utilizándose para el robo de combustible*".[76]

Las pipas, según esa versión, fueron entregadas al ex dirigente del Partido de la Revolución Democrática (PRD) en Tamaulipas, Miguel Ángel Almaraz Maldonado, pues algunas eran de su propiedad y otras eran rentadas. Toda la gente sabía de ese caso en Reynosa, pues "El Karis" había decidido "rescatar" esas unidades en virtud de que Almaraz Maldonado pagaba "derecho de piso" a la organización y en consecuencia tenía la obligación de protegerlo y ayudarle a recuperar las pipas que aseguraran la continuación del "negocio", indicó.

De ese tamaño era el poder del Cártel del Golfo y de "Los Zetas", al respaldar a quien fuera candidato del PRD a diputado federal. Pero este apoyo terminó aquella mañana cuando grupos de soldados y policías federales se movieron con rapidez en Reynosa y Río Bravo para catear 18 propiedades y domicilios en ambos poblados de Tamaulipas. De la precisión con que se efectuara esa operación dependía que "Los Zetas" y el Cártel del Golfo no pudieran reaccionar violentamente para evitar la captura de Almaraz Maldonado y de sus cómplices.

Los objetivos de ese operativo estaban identificados aquel 31 de marzo de 2009: eran los presuntos líderes de la red de robo de combustible a Petróleos Mexicanos (Pemex) en la zona del complejo Proyecto Integral Burgos, entre quienes se encontraba, en primer lugar, Almaraz Maldonado, personaje de la política local de Tamaulipas y quien era el más tenaz impulsor en esa entidad de la corriente política del PRD conocida como "Los Chuchos", encabezada por Jesús Ortega Martínez, y que mantiene bajo su control parte de la dirección nacional del citado partido.

Ese día se pensó que se ponía fin a la impunidad que presuntamente acompañaba a Almaraz Maldonado y a sus socios desde hace más de una década. Impunidad que supuestamente les permitía robar sin problemas combustible del Proyecto Integral Burgos, uno de los complejos de Pemex más importantes del país, ubicado en el noreste de México, específicamente al norte de Tamaulipas y de Nuevo León en una superficie de, según datos de Pemex, 110 mil kilómetros cuadrados con inmensas reservas probadas de hidrocarburos. Este complejo se había convertido en *"en un centro de abasto de condesado que de forma ilegal se vende a diversos corporativos estadounidenses y europeos"*,[77] lo cual condujo a confrontaciones entre distintos grupos criminales que instalaban retenes ilegales, expropiaban predios, ocupaban *"derechos de vía y, por si fuera poco, controlaban el acceso a las instalaciones de Pemex"*.[78] De hecho, *"ya en 2007, según cifras internas de Pemex, 40 por ciento de todo el hidrocarburo que producía la Cuenca de Burgos se sustraía ilegalmente y se vendía en el mercado negro, básicamente en territorio estadounidense"*.[79]

Así, poco a poco las autoridades mexicanas ofrecían en ese momento descorrer los entretelones de lo que es uno de los mayores saqueos documentados a Pemex mediante robo de combustible. Esta historia, como se verá, aparentemente llegaría hasta personas cercanas a la Casa Blanca, cuando George Bush gobernaba en Estados Unidos, y a partidos y líderes de la llamada oposición de izquierda de México, como el PRD y algunos de sus dirigentes. De cualquier forma, al menos con lo ocurrido en México, el caso tomó un giro que al momento de escribir este texto, se puede resumir con dos palabras: impunidad y farsa.

Este caso criminal tiene tintes globales porque salpica lo mismo a grandes trasnacionales que a delincuentes de poca monta, a políticos y empresarios que a asesinos a sueldo, cuyas actividades se ligan en una intrincada red de intereses que afectaron a México particularmente. La historia, si bien aún no tiene desenlace, permite registrar una vez más, la deficiente actuación de los fiscales mexicanos y la inmensa desinformación oficial bajo la cual se encubren los errores y abusos de funcionarios de la alta jerarquía política de México.

Así, el fango que inunda este caso tiene un hilo conductor: la podredumbre política, las deficiencias y descomposición de instituciones de investigación y policiales, la desinformación oficial, la violencia y el temor impuestos por grupos criminales, además del marasmo y la indiferencia social. Lo cierto es que de un lado y otro lado del Río Bravo, que separa a ambos países, los involucrados tenían un único fin: el enriquecimiento fácil y rápido. La paradoja para México, sin embargo, radica en que no hay detenidos ni investigación alguna en proceso por este caso de robo de combustible. Lo único que se mantiene, por cierto absurdo, es el silencio de las autoridades luego de que en su momento éste fue un asunto considerado de máxima importancia. Al final, hay dos grandes perdedores: Pemex, empresa que a la fecha sigue resintiendo el cada vez mayor robo de combustible en varias regiones del país, y por lo tanto México.

Para comprender la magnitud de este asunto volvamos al operativo policiaco de aquella mañana de marzo de 2009. Los hombres y mujeres detenidos en esa acción policiaco-militar se miraban sorprendidos en el vuelo que los trajo de Reynosa a la ciudad de México y de nada les valía ahora –según el informe oficial– el disfraz que se habían fabricado como políticos de izquierda y defensores de causas sociales, empresarios, inversionistas o comerciantes. Tampoco, según las autoridades, los protegía ya el manto criminal de "Los Zetas" y del Cártel del Golfo.

Mudos pasaron los arrestados de aquella mañana, uno a uno, al auditorio México de la PGR para ser presentados ante la prensa como un *trofeo de caza*. El incesante *flash* de las cámaras fotográficas fue el preludio de la puesta en escena de la conferencia en la que se anunció la captura del grupo. Con rostro grave, los acusados ocupaban el centro del escenario donde funcionarios les advertían que no había escapatoria. La investigación de varios meses de autoridades de Estados Unidos y que ahora pasaba a México, supuestamente daba en territorio mexicano sus primeros resultados.

Efectivamente, desde la primavera de 2007 esta historia comenzó a desgranarse cuando oficiales del Departamento de Seguridad Pública de Texas decomisaron USD$ 1,149,069, al detener un vehículo que viajaba hacia "Río Grande Valley". El conductor del automóvil, a quien no se identificó en la investigación por su nombre, confesó que el dinero pertenecía a un empresario llamado Luis Ariel Rivera Rodríguez, dueño de la compañía *Sun Petroco LLC*.

El hecho fortuito marcó el inicio de una serie de acontecimientos cuyos efectos no imaginaron las autoridades. El propietario del dinero, Luis Ariel Rivera Rodríguez, solicitó a través de su abogado la devolución del dinero ante la oficina del Fiscal del Condado de Hidalgo. Apoyó su petición con la entrega de mil 390 documentos que, según él, demostraban que el dinero era producto de la venta en Estados Unidos de condensado de gas y otros productos derivados del petróleo comprados en México. En efecto, las facturas amparaban las ventas de derivados del petróleo traído de México. De hecho, en principio, todo parecía legal. El único detalle es que los documentos que entregó Rivera Rodríguez también llegaron al Departamento de Seguridad Interna (ICE)[80] y a la Agencia Antidrogas (DEA) de Estados Unidos, quienes comenzaron a intercambiar información luego de percatarse de un detalle: Pemex era la única empresa con facultades para vender en el exterior petróleo y sus derivados extraídos en territorio mexicano.

De esta forma, ni Rivera ni ninguna otra empresa o compañía, de Estados Unidos o de México, podía comercializar el hidrocarburo. La conclusión no podía ser otra que el combustible vendido en Estados Unidos era traficado o robado. Los hilos de la investigación llevaron a resultados cada vez más interesantes, pues se descubrió que en Estados Unidos había compañías que estaban registrando ganancias extraordinarias y que tenían una característica común: compraban combustible proveniente de México.

Rivera, aún sin saberlo, en realidad no sólo había perdido más de un millón de dólares sino que había entregado a las autoridades la estructura del robo y venta de combustible extraído ilegalmente de México. El efecto de la entrega de esos documentos llevaría incluso a Rivera Rodríguez a la cárcel y a todos sus socios a comparecer como acusados penalmente en los tribunales federales de Estados Unidos, resultado de una demanda civil de Pemex, la cual al final corrió con muy poca suerte para México.

El capítulo siguiente de esta historia se escribió casi un año después, en agosto de 2008, cuando la Corte Judicial Número 370 del condado de Hidalgo celebró un arreglo con Rivera Rodríguez, en el que acordó regresarle sólo 450 mil dólares y concluir el caso del Departamento de Seguridad Pública del Estado de Texas en su contra.

Sin embargo, un mes antes, en julio de ese año, agentes de ICE ya habían investigado y establecido que este mismo hombre estaba entregando diesel y condensado de gas a un sujeto identificado como Arnoldo Maldonado en Edinburg, Texas, y a una compañía de nombre *Continental Fuels* en Brownsville, Texas, a un precio de 35 centavos por galón, muy por debajo del precio estándar en el mercado del diesel. De nuevo, la conclusión era obvia: El combustible no lo estaba entregando Pemex, además de que no era vendido al precio real. Adicionalmente, los documentos aportados por Rivera Rodríguez permitieron comprobar que autoridades aduanales de México autorizaban la exportación del producto a Estados Unidos bajo la falsa denominación de "desecho orgánico", pues al estar en territorio estadounidense era registrado como un derivado del petróleo.

Justo cuando Rivera Rodríguez llegaba a un arreglo con la Corte Judicial del condado de Hidalgo, agentes de ICE detectaron igualmente que el 4 o 5 de agosto de 2008, una barcaza identificada como "Moc 2" recogió y transportó condensado de gas de las compañías *Continental Fuels*, *Petro Source* y *Transmontaigne*. La mayoría del condensado de gas pertenecía a la compañía *Petro Source* y había sido transportado por *F&M Transportation,* propiedad de un empresario identificado como Frank Del Ángel y *Sun Petroco LLC,* propiedad del mismo Rivera Rodríguez.

Ante las evidencias del robo de combustible en México y su posterior venta ilegal en Estados Unidos, el 16 de Septiembre de 2008 la DEA arrestó a Rivera Rodríguez y varios implicados en la venta de combustible robado en México, por cargos de lavado de dinero derivado de la venta de narcóticos, como parte de una acción llamada "Operación Cálculo". Se le envió a una cárcel de Houston, Texas, y luego el ICE obtuvo una orden para asegurar los fondos de la cuenta bancaria número 1015516 de *Sun Petroco LLC*, en el *International Bank* en McAllen, Texas.

Sin embargo, la DEA y el ICE siguieron presionando a Rivera Rodríguez y el 4 de diciembre de 2008, ante la presencia de sus abogados, confesó que el robo de condensado de gas en México sucedía desde 1998, y agregó que él había participado en esta ilícita actividad desde al menos 2002. La transcripción de la confesión de Rivera[81] señalaba que Miguel Ángel Almaraz Maldonado era el principal organizador de este esquema de robo de combustible a Pemex.

Y no sólo eso. Rivera también aseguró que *"había aproximadamente diez individuos autorizados por el Cártel del Golfo, participando en el robo de condensado en México"*. Entre ellos, mencionó además de Almaraz Maldonado, a Javier Gómez Gómez, propietario de las empresas *Del Norte Petroleum* y *Vagos Fluidos y Pinturas*; al hermano del anterior, Fernando Gómez Gómez, dueño de *Fergo Freight*, y a los hermanos Omar y Rommel Marín Bojórquez, dueños y operadores de la compañía estadounidense *M&B Trading*.

Igualmente, Rivera mencionó a un hombre identificado únicamente como Alex, quien era el encargado de mover el dinero para un líder del Cártel del Golfo conocido como "El Rayo". También identificó a Arnold Maldonado, a Fernando Plata, al "licenciado Guerrero" y a un sujeto más al que sólo conoció por el apellido de Iracheta, cuyo nombre se presume era José Luis Iracheta Morales, de quien había facturas de transporte y entrega de combustible en los mil 390 documentos que Rivera Rodríguez entregó a autoridades estadounidenses.

Cada autorizado por "Los Zetas" y el Cártel del Golfo para robar combustible, según el testimonio de Rivera Rodríguez, debía pagar una cuota mensual. Él pagaba 80 mil dólares, lo cual le daba derecho de cruzar 4 pipas por día con una ganancia de 15 mil dólares netos por cada vehículo. Por otra parte, agregó, Almaraz Maldonado pagaba 600 mil dólares mensualmente a Jaime González Durán, "El Hummer", uno de los fundadores de "Los Zetas", aunque desconocía el número de pipas con combustible robado que estaba autorizado a cruzar hacia Estados Unidos.

Sin embargo, Rivera apuntó que el mayor comerciante de condensado que él conocía era la empresa *Transenergéticos*. Esta compañía, según Rivera Rodríguez, cruzaba hacia Estados Unidos más de 50 pipas diariamente. El dinero obtenido por el saqueo a Pemex se enviaba diariamente a México.

Rivera aseguró que el negocio era tan grande que "El Hummer" no era el único líder de "Los Zetas" o del Cártel del Golfo que recibía pagos por el cruce de pipas con hidrocarburo robado, pues también estaba "El Zeta 40", Miguel Ángel Treviño Morales; Flavio Méndez Santiago, "El amarillo"; Jorge Eduardo Costilla, "El Coss"; Héctor Sauceda, "El Karis", y Jesús Alejandro Medina, "El Rayo" o "El Cholo", entre otros.

Si había algún desacuerdo con los jefes de "Los Zetas" o del Cártel del Golfo, las consecuencias eran inmediatas. De hecho, Rivera Rodríguez relató a los oficiales estadounidenses que Miguel Treviño Morales, "El Zeta 40", lo secuestró y obligó a pagarle dos millones 700 mil dólares por su libertad. Su caso no fue el único, pues, según él, cuando en alguna ocasión fue citado para pagar la "cuota mensual", vio a un amigo suyo de nombre Fernando Vásquez, amarrado a una silla y vendado de los ojos, en represalia por haberse apoderado de combustible robado destinado a Iracheta.

Rivera también explicó que el robo de combustible incluía robo y tráfico de nafta, diesel y otros derivados de petróleo, que efectuaban de la siguiente manera: primero, compañías mexicanas con contratos legítimos con Pemex, como *Inter Transport* y *Transportes Gor*, extraían el condensado de los campos petroleros, pero en vez de llevarlo a otras instalaciones de Pemex, los camiones o pipas transferían el condensado a tanques en varios sitios desconocidos. Luego, las pipas ya vacías eran llenadas con agua y continuaban su camino a instalaciones de Pemex donde empleados de la empresa paraestatal mexicana eran sobornados para que registraran la entrega del agua como condensado.[82] Mientras tanto, señaló, camiones de otras compañías se conectaban a los tanques llenos de condensado y cruzaban el producto de México hacia los Estados Unidos bajo la falsa denominación de "solvente orgánico", para lo cual agentes aduanales, como Roberto Coronado, Luciano Ibarra y otro al que solo identificó como "Blanco", coordinaban el paso ilegal de pipas con condensado gas hacia Estados Unidos.

En su declaración ante agentes de la DEA y del ICE, Rivera reveló que el agente aduanal Luciano Ibarra pagaba entre 50 y 100 dólares en sobornos a la aduana mexicana por cada pipa que cruzaba a Estados Unidos. El mismo agente aduanal, agregó, pagaba 300 dólares por cada pipa a otros sujetos asociados con el robo. Pese a este señalamiento, las autoridades nunca informaron públicamente sobre investigación alguna dirigida a agentes o agencias de aduana en la frontera mexicana.

El testigo de la DEA y del ICE también informó que los integrantes de la red de robo de combustible tenían informes y rumores de que había en curso una investigación en México y Estados Unidos. Por ello también se acordó que la mayoría del dinero, que antes era trasferido electrónicamente de un banco estadounidense a un banco mexicano, ahora se transfiriera mediante contrabando de efectivo, es decir, movimiento físico de dinero.

Según el testimonio de Rivera,[83] era un hecho que quienes participaban en las transacciones sabían que el condensado era robado, pues él negoció con *"varias compañías e individuos, como: Continental Fuels, Valley Fuels, de Steve Pachenek y George Koch; Murphy Energy, y Gas and*

Oil de Arnold Maldonado, y F&M Transportation, además M&B Trading,
que [según Rivera] eran mis principales competidores en esta actividad".
Incluso, Rivera mencionó que *M&B Trading* normalmente exportaba
su dinero a México vía contrabando en vehículos y que el encargado de
hacerlo era su contador Samuel Lom, o un individuo identificado sólo
por el nombre de James.

Los nombres de los involucrados comenzaron a fluir de la boca de
Rivera Rodríguez y así mencionó uno de los principales involucrados en
Estados Unidos en la venta del hidrocarburo robado a Pemex: Jonathan
Richard Dappen, a quien identificó junto a Omar y Rommel Marín
Bojórquez, Arnold Maldonado, Roberto Coronado, Guillibardo Garza,
Harry Conley, Luciano Ibarra, y Javier Gómez Gómez, entre otros.

La DEA y el ICE siguieron el rastro de todos los nombres y sus
empresas. La ruta que los hizo llegar hasta Joshua Crescenzi, el
vicepresidente de *Continental Fuels*. Este hombre llamó la atención de
los agentes estadounidenses, pues había estado ligado a la Casa Blanca,
desempeñándose como un enlace de prensa del ex presidente George
Bush y del ex vicepresidente de ese país, Dick Cheney.

Según información publicada por el diario estadounidense *San Antonio*
Express el 10 de octubre de 2009, la DEA y el ICE sumaron nombres
y empresas al caso, además de avisar a México sobre el curso de las
investigaciones, por lo cual ya desde 2007 las autoridades de la PGR y de
Pemex sabían lo que sucedía; incluso, sabían cómo este hombre cercano
a la Casa Blanca aceptó ante agentes del ICE y de la DEA conocer el
robo de combustible contra Pemex.

A cambio de ventajas judiciales, Joshua Crescenzi aceptó colaborar con
la DEA y el ICE para entregar a sus socios y otros implicados en esta red
delictiva que operaba entre Estados Unidos y México. El hombre grabó
en 2008 más de 400 horas de conversaciones y las entregó, según el
rotativo estadounidense, a los oficiales estadounidenses que así armaron
con mayor detalle el caso para procesar a los implicados, entre ellos

varios dueños de empresas, quienes al declararse culpables, obtuvieron penas menores en sus juicios.

Tan mínimas fueron las penas para los implicados en Estados Unidos en el saqueo a Pemex, que en agosto de 2009 el ICE entregó un cheque al gobierno mexicano por USD $2,415,635, por concepto de reparación del daño a favor de la empresa mexicana. El gobierno mexicano celebró esta indemnización como una victoria para el país, según un comunicado emitido por la PGR en febrero de 2011.[84]

Lo cierto es que Crescenzi, quien en 2010 fue demandado sin éxito por Pemex en Estados Unidos a través de vía civil, fue uno de los que pudieran llamarse "soplones" más importantes, para que se procesara penalmente en 2008 a empresarios estadounidenses como Timothy L. Brink, Jonathan Dappen, Donald P. Schroeder, Arnold Maldonado, entre otros, además de compañías como *Basf*, *Shell*, y *M&B Trading*, aunque sus abogados lograron, tanto en la vía penal como civil, sacar bien librados a sus clientes.

¿Y en México? El Fracaso

Desde el decomiso del dinero de Luis Ariel Rivera Rodríguez, el posterior arresto y declaración de éste ante la DEA y el ICE, y tras las capturas de empresarios estadounidenses y otros involucrados en ese país en la compra del combustible robado a Pemex, pasaron más de dos años para que en México la PGR procediera penalmente contra los personajes identificados como participantes en este saqueo contra la petrolera mexicana. Desde marzo de 2007 las autoridades mexicanas sabían de los cuantiosos robos sistemáticos de hidrocarburo en el complejo Burgos, y el ICE ya había compartido información de las acciones que se efectuaban en Estados Unidos por este hecho. Sin embargo, fue hasta la última semana de marzo de 2009 cuando se detuvo a Miguel Ángel Almaraz Maldonado y a sus presuntos cómplices.[85]

El retraso y el pésimo accionar del aparato policíaco-judicial en México tuvo y aún tiene consecuencias desastrosas en los tribunales nacionales y de Estados Unidos. De hecho, hoy en México no hay algún culpable detenido y condenado por este caso, pues todos los arrestados fueron absueltos de los cargos, excepto Almaraz Maldonado quien si bien está libre, fue condenado por "lavado de dinero" en su modalidad de defraudación fiscal; es decir, lavado de dinero sin relación alguna con robo de combustible. Además, en Estados Unidos las penas no lograron resarcir el daño patrimonial causado a Pemex por el saqueo de combustible, pues en algunos casos los delitos ya habían prescrito.

Envuelto por la desinformación y la falta de transparencia por parte de las autoridades mexicanas, en este caso reinaron la confusión y las falsedades. Por ejemplo, sobre los detenidos por este asunto el 30 de marzo de 2009, Rodrigo Esparza Cristerna, comisionado nacional de la Policía Federal Preventiva en ese entonces, junto con la entonces sub-procuradora de Investigación Especializada en Delincuencia Organizada, Marisela Morales, informaron en conferencia de prensa que los detenidos en el operativo eran nueve personas: José Raúl Zertuche González, Jesús Óscar Ibarra Castellanos, Álvaro Jacinto Martínez Ibarra, Yolanda Carrizales Cabrera, Nora Elvira Hernández González, José Salvador Alemán Chávez, Omar Lorenzo Marín Bojórquez, Leonel Rodela Pérez y Miguel Ángel Almaraz Maldonado, quien en ese entonces competía como candidato a diputado por el Partido de la Revolución Democrática (PRD), luego de haber sido unos meses antes su líder en el Estado de Tamaulipas.

Los detenidos fueron inicialmente sometidos a un arraigo domiciliario en instalaciones de la PGR, pero el 27 de junio de 2009, sin que hubiera mayor información oficial de otros detenidos, aparecieron otros tres nombres en la lista de detenidos. Ellos fueron Samuel Carlos Alberto Lom Juárez, Jorge Aguilar Pérez y Mónica Isabel Pérez Sánchez, a quienes junto con los otros nueve arrestados –en total 12 en ese momento– el Juzgado Tercero de Distrito en el Estado de Nayarit, con sede en la ciudad de Tepic, les dictó formalmente la prisión.

Una vez instaurado el proceso penal 110/2009 en su contra por los delitos de delincuencia organizada y operaciones con recursos de procedencia ilegal, y por porte ilegal de armas en algunos casos, de manera insólita el 13 de julio de 2009, el entonces procurador general de la República y actual ministro de la Suprema Corte de Justicia de la Nación (SCJN), Eduardo Medina Mora Icaza, aseguró que la operación condujo a la acción penal contra 27 personas, lo cual era falso.

Incluso, la propia PGR desmintió a Medina Mora el 14 de enero de 2011 cuando reveló en un comunicado oficial que el ICE entregó a México a otro implicado en el caso de robo de hidrocarburo en el complejo Burgos. Se trató de José Eduardo Alemán Chávez, a quien incomprensiblemente se le envió a un penal en el Estado de Veracruz, mientras el juicio se llevaba a cabo en Nayarit. En conclusión, para ese momento eran ya 13 los detenidos y sometidos a juicio por ese caso, número real de presuntos involucrados y a quienes la PGR puso a disposición de los tribunales en México.

Pero las imprecisiones en la cantidad de investigados no eran las únicas contradicciones en la información oficial. En la misma conferencia que dio Medina Mora el 13 de julio de 2009 ante la presencia del secretario adjunto de Seguridad Interna para Investigación sobre Inmigración y Aduana de la Secretaría de Seguridad Interna de Estados Unidos (ICE), John T. Morton, el ahora ministro de la SCJN aseguró que: "*La desarticulación de esa banda y la captura de su líder Miguel Ángel Almaraz Maldonado, fue un golpe a una de las más importantes redes de contrabando de petrolíferos sustraídos ilícitamente de nuestro país y comercializados en los Estados Unidos*". Sin embargo, a la fecha, el supuesto líder de la "importante red de contrabando" no recibió condena alguna relacionada con el robo o tráfico de hidrocarburo.

Esa fue una investigación, aseguró Medina, realizada de manera conjunta entre la PGR y la Policía Federal, la Unidad de Inteligencia Financiera, la Administración General de Aduanas en México y el ICE. Sin embargo, el actual ministro de la SCJN olvidó citar a la DEA y de paso aseguró de manera errada que la investigación era conjunta, lo cual se contradice con un detalle elemental para cualquier abogado: Las pruebas con que contaba la PGR, proporcionados por la DEA y el ICE, no tuvieron validez alguna debido a que las declaraciones del principal testigo, Luis Ariel Rivera Rodríguez, no fueron ratificadas ni rendidas ante un fiscal o representante diplomático mexicano. Ello se convertiría a la postre en el fracaso total de la operación.

Otro reporte sin verificación fue el proporcionado oficialmente por la PGR meses después de la captura de los presuntos implicados, cuando a través de la Subprocuraduría de Investigación Especializada en Delincuencia Organizada (SIEDO) celebró en un comunicado oficial el aseguramiento de cuentas bancarias por un monto de más de 16 millones de pesos, "*(…) de una célula de la organización criminal de Los Zetas dedicada a la legitimación de activos a través del sistema financiero internacional*".[86]

Antes, específicamente el día de la captura de Almaraz Maldonado y sus primeros coacusados, la PGR dio a conocer que a éste y su grupo se le habían asegurado 149 cuentas bancarias con las que movilizaron recursos del orden de los 46 millones de dólares y los 750 millones de pesos entre 2007 y 2008. Las cuentas bancarias congeladas por la PGR, según declaraciones del propio Almaraz Maldonado, no tenían fondos e incluso nunca fueron parte de los alegatos de la defensa durante el juicio.[87]

Como si se tratara de una novedad, la PGR presumía en aquel febrero de 2011 que esa banda se dedicaba a la legitimación de activos a través del sistema financiero internacional "*procedentes de la sustracción, trasvase, transporte y exportación a los Estados Unidos de América de un hidrocarburo denominado "condensado de Gas o de Campo" propiedad de la nación, toda vez que su explotación y distribución está concedida únicamente a Petróleos Mexicanos*".[88] Aunque esta información en Estados Unidos ya estaba más que comprobada, sirvió para que la PGR alardeara: "*El gobierno federal seguirá trabajando para propiciar un ambiente de certidumbre jurídica en el que las personas tengan la confianza de que cuentan con instituciones y programas gubernamentales que garantizan el respeto a sus derechos y la preservación de su patrimonio mediante la aplicación de la ley*".[89]

Según el dictamen pericial sobre el saqueo contra Pemex en la Cuenca de Burgos, donde había sólo 40 empleados para vigilar todo el complejo, entre 2007 y marzo de 2009[90] esta red delictiva asociada al Cártel del Golfo y "Los Zetas" exportaron presuntamente con documentos falsos un total de 175 millones 855 mil 251 litros y más de 3 mil 519 toneladas de otros productos petroleros a Estados Unidos. Esta información aparece en reportes aduanales y en el Sistema Control Supervisorio y Adquisición de Datos (SCADA), que es un método satelital de control de volúmenes implementado por Pemex, que opera en forma gradual desde 2004 en las instalaciones estratégicas de la Cuenca Burgos, y funciona con sensores electrónicos de medición que emiten frecuencias y datos en tiempo real a un sistema computarizado, para determinar los niveles de combustible y almacenamiento y así detectar cuándo y dónde el hidrocarburo es sustraído. Lo lamentable es, según Pemex, que por las distancias y la disgregación de las instalaciones, no se puede llegar con la debida rapidez a los sitios donde se detectan los robos de combustible.

Así las cosas, los peritajes de la paraestatal mexicana establecían que esta red criminal obtuvo presuntamente 508 millones 548 mil 320 pesos mexicanos a cambio de la exportación ilegal de esa cantidad de hidrocarburo, el cual, a precios reales, significó una pérdida para Pemex de mil 533 millones 116 mil 18 pesos. Los acusados constituyeron en Estados Unidos las empresas *Pepco Minerals, Samex International, ICM International, Primero United, F&M Transportation Inc, M&B Trading Corp.* y *RGV Energy Partners*, desde las cuales supuestamente transfirieron recursos de Estados Unidos a México producto del robo y comercialización del hidrocarburo robado.

Según la versión de la PGR, esta red criminal que mostró poder corruptor y económico, no se estableció de manera improvisada. Se requirió de armas y violencia, y sobre todo de gente que pudiera mover los hilos del poder político y económico para concretar la operación en México y Estados Unidos. En ello no había dudas, pero mientras las autoridades mostraban un caso impecable, en realidad las investigaciones estaban salpicadas de omisiones, mentiras y errores que, aunque no se puede determinar si fueron cometidos de forma deliberada o involuntariamente, sí permitieron y permiten hasta hoy la impunidad total en este caso.

El articulador

Abogado por la Universidad México Americana del Norte (UMAN), ex líder del PRD, actual dirigente de la Unión Campesina Democrática (UCD) y empresario, Miguel Ángel Almaraz Maldonado, fue la figura perfecta dentro de esta trama criminal. Reunía el perfil económico, poseía negocios en EEUU vinculados a la venta y distribución de hidrocarburos y se había incorporado a la política desde 1994, cuando se produjo la peor crisis financiera en México de los últimos años. También se acogió al movimiento denominado "El Barzón", que exigía defender a los campesinos afectados por las dificultades de la devaluación.

Llegó a ser el principal operador del PRD en el Estado de Tamaulipas hasta antes de su aprehensión. De hecho, tan notorio era en esa época su ascenso en la política local, que Almaraz Maldonado fue criticado más de una vez por buscar controlar y extender su poder dentro del PRD. Para nadie era un secreto que día a día se convertía también en un cacique político, al intentar –como lo dijera alguna vez– que la unidad dentro de su partido se fortaleciera en todo el Estado pese a algunas confrontaciones de "vida o muerte", y de luchar contra "intereses y posturas" que evitaban el triunfo del PRD en algunos municipios tamaulipecos.

Así, desde su faceta de empresario y líder agrario, el supuesto socio de "Los Zetas" y el Cártel del Golfo incursionó en la política al lado del PRD y en poco tiempo los dirigentes de esa organización política lo cobijaron y alentaron su ascenso a una diputación local y luego como líder de esa organización política en su estado natal. Sin embargo, la clave de su éxito parecía obedecer a que él financió en su estado la campaña presidencial del entonces candidato del PRD, Andrés Manuel

López Obrador, a quien acompañó en su protesta por el presunto fraude electoral en su contra.

El día que fue detenido, Almaraz Maldonado fungía como representante en Tamaulipas de la corriente del PRD conocida como "Nueva Izquierda", junto con José Raúl Zertuche González, otro dirigente de ese citado grupo político perredista que igual fue detenido. Casi inmediatamente, los dirigentes nacionales del PRD se deslindaron de su correligionario y se "lavaron las manos", incluso negaron su amistad, como en el caso del líder nacional del perredismo en ese entonces, Jesús Ortega, quien era la cabeza de la corriente "Nueva Izquierda".

De pronto, este hombre que era "muy querido" en las filas del PRD y un hombre intachable en Tamaulipas, apareció como un personaje siniestro. Se proclamó a todos los vientos su posible relación en el crimen de su contrincante político, Juan Antonio Guajardo Anzaldúa, ex candidato del Partido del Trabajo (PT) a la alcaldía de Río Bravo, tres de sus escoltas y dos civiles más en noviembre de 2007.[91] El político fallecido en el mismo año, Guajardo Anzaldúa, había denunciado pocas semanas antes de su muerte que Almaraz Maldonado encabezaba el robo de combustible contra Pemex en Tamaulipas.

Dos años antes de la captura del líder perredista, ninguna autoridad de ese entonces se atrevió a investigar las denuncias de Guajardo Anzaldúa contra Almaraz Maldonado. El asunto comenzó a publicitarse sólo luego de que el líder perredista fuera detenido y sólo entonces se mencionó su posible vinculación a esos crímenes que sacudieron aquella frontera del norte de México, donde el cártel del Golfo y "Los Zetas" operan con toda impunidad hasta el día de hoy.

La muerte del político y las otras cinco personas fueron atribuidas a uno de los líderes del Cártel del Golfo, Alfonso Lam, "El Gordo Lam", quien protegía y alentaba las actividades de robo de combustible contra Pemex y para quien presuntamente trabajaba directamente Almaraz Maldonado, como lo señaló el testigo protegido "Pitufo".

A este señalamiento se suma el de Luis Ariel Rivera Rodríguez, quien acusó al líder perredista de ser el principal responsable en el robo de hidrocarburo que era enviado ilegalmente a EEUU.

Las investigaciones contra Almaraz Maldonado supuestamente no consideraron sus vínculos políticos; por el contrario, se concentraron en el robo de combustible y se extendieron a la forma como "lavó" el dinero que obtenía la supuesta organización criminal que encabezaba. La banda, según las autoridades, recibió de empresas de Estados Unidos pagos en cuentas bancarias a nombre de integrantes de la red criminal, quienes a su vez se enviaban los recursos entre ellos con otras personas y empresas, triangulando y ocultando el origen y destino del dinero.

Tan sólo en el caso de Almaraz Maldonado, la PGR detalló que entre 2006 y 2008 realizó en cuentas bancarias depósitos por un total de un millón seis mil 35 dólares y de 238 millones 118 mil 495 pesos mexicanos, a la vez que en el mismo periodo hizo retiros por un millón cinco mil 34 dólares y 238 millones 278 mil 339 pesos mexicanos. Al momento de iniciarse la acusación contra el ex líder político, las autoridades mexicanas desconocían el beneficiario final de estos recursos.

Además, según las indagaciones, se detectó también que otra forma usada por la organización para "lavar" el dinero consistió en que cinco coacusados del ex dirigente del PRD libraron 43 cheques a su nombre por un total de USD$ 8,213,438, los cuales firmó y endosó para ser abonados a las cuentas número 076-00059-002-5 y 076-000-59-0017 del *International Bank of Commerce* abiertas en Banco Regional de Monterrey, S.A. Institución de Banca Múltiple. También se desconocía el destino final del dinero.

El supuesto tinglado criminal montado por este grupo apenas se conoció, ya que de las más de 150 cuentas bancarias supuestamente aseguradas por la PGR no hubo, ni hay, mayores datos públicos; de hecho, el caso, como muchos otros en México, acabó en declaraciones y actos de prensa. Nunca hubo informes sobre cómo se desarrolló y

113

cómo perdieron los fiscales el juicio en los tribunales mexicanos. Lo peor es que hasta hoy "Los Zetas" y el Cártel del Golfo mantienen el saqueo de hidrocarburo a Petróleos Mexicanos, como lo reconocen las autoridades mexicanas.

A Almaraz Maldonado y su grupo, la PGR los consideró como un eslabón del Cártel del Golfo y de "Los Zetas". Cuando éstos eran aliados, su función primordial fue legitimar los recursos económicos obtenidos del robo, transporte, comercialización y envío a Estados Unidos de combustible extraído del complejo de Pemex, que fue objeto de robos metódicos y continuos por parte de esta célula o eslabón de las citadas organizaciones criminales.

No obstante, como prácticamente toda historia judicial en México, en ésta también se siguen observando errores y evidente debilidad de las instituciones de justicia mexicanas. Liberado en enero de 2015[92] y hasta con un libro publicado en julio de este mismo año,[93] Almaraz Maldonado expone actualmente con frialdad e ironía su paso por los caminos torcidos de la ley y la justicia en México: *"No es que no suceda ni haya sucedido el robo de hidrocarburo, en mi caso y de mis coacusados no había responsabilidad, porque nosotros ni participamos ni sabíamos que el producto que comercializábamos era robado"*, explicó Almaraz Maldonado y añadió: *"yo abrí un negocio de distribución de hidrocarburo (Primero United) en Estados Unidos y me relacioné con gente que vendía hidrocarburo y me ofrecían el producto. Mi supuesto delito fue comercializarlo, aunque y por eso estoy libre, yo lo compraba con facturas y con todas las de la ley en el otro lado. Me hicieron allá auditorías y todo salió perfecto, sin ningún problema. Nunca nos multaron ni nada. Todo lo hicimos conforme a la ley de allá"*.

Según el ex líder del PRD en Tamaulipas, la PGR lo acusaba porque debía saber que el combustible que comercializaba era robado. Sin embargo, las autoridades no demostraron ante los jueces que Almaraz Maldonado tuviera conocimiento de que el hidrocarburo específico que comercializaba fuera hurtado ni que participara en el robo del mismo.

Adicionalmente, la acusación perdió validez judicial porque la PGR usó la fuente de un testigo, Luis Ariel Rivera Rodríguez, que luego quedó inválida porque su declaración fue hecha en Estados Unidos ante agentes de ese país y nunca fue ratificada ante una autoridad judicial mexicana. Por otra parte, el testigo protegido, "Pitufo", fue posteriormente descalificado en la PGR y dejó de ser confiable, e incluso hasta se le fincaron acusaciones por presuntamente emitir falso testimonio.

Almaraz Maldonado acepta que este caso de robo de combustible está impune y asegura que sería sencillo de resolver si la PGR investigara a las personas y a las compañías ubicadas en Reynosa, Tamaulipas, que le enviaban el producto. Sin embargo, en palabras de Almaraz, "*por flojera o torpeza*", la PGR se limitó a decir que señalar que eran "empresas fantasmas". Sin embargo, señaló Almaraz, si la PGR hubiera investigado de manera cuidadosa, probablemente la investigación "*hubiera ido a dar a hasta Pemex*".

En suma, como se señaló, a Almaraz Maldonado se le absolvió de los cargos de robo de hidrocarburo, delincuencia organizada y se le condenó a cinco años de cárcel por "lavado" de dinero asociado a temas fiscales, pero como ya llevaba seis años en prisión, obtuvo la libertad sin mayor trámite. Esa sentencia aún está en apelación porque, aseguró, la PGR *"no pudo demostrar que el dinero que manejé tuviera un origen ilícito"*.[94] La conversación con Almaraz continúa de la siguiente manera:

> -¿Pero a final de cuentas, el hidrocarburo que a usted le mandaban sí era robado?—
>
> Bueno, ahora que conozco todo el esquema a fondo. Obviamente que sí.
>
> -¿A usted se lo vendían allá a menor precio?-
>
> Sí, claro.

-¿Ese era el negocio?

Ajá.

-¿Usted no se dio cuenta que ahí había algo raro, pues de entrada Pemex no vende a particulares el hidrocarburo?

Bueno, primero déjeme decirle que Pemex si vende a particulares. Es un mito de que no vende. Segundo, yo verifiqué en Estados Unidos si con esas empresas que me vendían el producto tenía algún problema. Mostré las facturas y me dijeron que no, que no había problemas por comercializarlo en Estados Unidos, entonces yo qué problema tenía. Me lo vendían correctamente y en cuanto al manejo fiscal y legal en EEUU operábamos debidamente.

-¿Estamos ante otro fracaso de la justicia, un enredo y un caso fabricado?

Pues sí, pero en honor a la transparencia y la claridad, no puedo decir que soy una blanca paloma. Vi un negocio e hice mis movimientos. Sin embargo, hicieron el caso político y mediático de forma terrible. Como venía el presidente Barak Obama por primera vez a México lo presentaron como un caso de investigación conjunta y como un escándalo, aunque en realidad nunca hubo tal colaboración conjunta. El asunto fue más mediático que real.

-Pero el robo de hidrocarburo continúa

Es un hecho indiscutible. Finalmente no me voy a dar golpes de pecho ni nada por el estilo, pero tengo mi versión de los hechos y creo que finalmente fui más victima que culpable. No me quito del centro del ojo del huracán, obviamente por eso fui a dar allá, pues andaba metido en el relajo en cuanto a todo lo que ocurrió, pero con los asegunes y por lo cual estoy libre.

-¿El dinero de las cuentas bancarias aseguradas les fue devuelto?

No, porque esas cuentas no tenían dinero, sólo tenían historial. Ellos sumaron los depósitos y manejo de dinero que se hizo en alrededor de tres años, además ese dinero daba vueltas cada 15 días. Sí, se manejaron más de 140 millones de dólares no de pesos, pero ese dinero no estaba en las cuentas porque siempre estaba en movimiento. Creo que en algunas de las cuentas había 15 mil pesos, en otra 6 mil.

-¿Y todo el dinero que aseguró la PGR?

No incautaron nada de dinero.

-¿Esas cuentas están aseguradas?

Sí, pero ni siquiera las hemos reclamado porque no había dinero.

-¿Cree que el caso fue hecho a modo, fabricado por un interés ajeno al legal?

El caso desde un inició fue jurídicamente torcido. La declaración del testigo que está detenido en Estados Unidos no tuvo validez alguna porque no se hizo ni se ratificó ante un representante mexicano.

-¿Sigue militando en el PRD?

No sé, pero creo que no. No me han llamado ni les he llamado.

En las siguientes páginas se esclarece, con amplio nivel de detalle, las características de personas, empresas e interacciones que conformaron esta compleja red criminal, según la información inicialmente acumulada por la PGR.

Capítulo 9

Estructura del tráfico de hidrocarburos a cargo de "Los Zetas"

Por Eduardo Salcedo-Albarán y Luis Jorge Garay-Salamanca

A pesar de ser un supuesto "cártel del narcotráfico", "Los Zetas" participan en tráfico de personas, hidrocarburos, recursos naturales y minerales, en contrabando, y cobro de extorsión a comerciantes. En este contexto, la complicidad de funcionarios de Pemex, una elevada impunidad y la extensión geográfica de las líneas de transporte de crudo, han favorecido la participación de "Los Zetas" en el robo y tráfico de hidrocarburos. Por ejemplo, se tiene registro de que "*entre 2001 y 2011 Pemex fue objeto de más de 40 mil incidentes. Durante ese periodo, el jurídico de la paraestatal presentó 2 mil 611 denuncias por ordeña y tomas clandestinas, pero solo 15 concluyeron en sentencia*".[95]

En general, las cifras evidencian un entorno favorable para la operación de cualquier red criminal interesada en obtener lucro económico mediante el robo a la empresa y más aún para una red con la capacidad operativa de "Los Zetas".

Las condiciones de impunidad y debilidad institucional, sumadas a la rápida evolución de redes criminales durante la última década, han facilitado la subsecuente reproducción de corrupción y crimen en torno al tráfico de condensado de hidrocarburo, *"un subproducto líquido fácil de refinar y como materia prima en derivados de petróleo alcanza un valor muy alto debido a su bajísimo nivel de contaminantes"*.[96] Como resultado, "Los Zetas" han pasado a consolidar estructuras criminales específicamente encargadas del robo y trafico de hidrocarburos, complementando así las demás actividades que reportan lucro económico a la red.

Teniendo en cuenta lo anterior, en el presente capítulo se analizan las características no sólo de la macro-red de "Los Zetas", sino también de una sub-red de "Los Zetas" concentrada en extraer y traficar hidrocarburos que eran propiedad de Petróleos de México, Pemex, la empresa nacional Mexicana encargada de transportar y comercializar el petróleo mexicano. Esto, por supuesto, no quiere decir que "Los Zetas" sean los primeros o los principales saqueadores de Pemex; de hecho, esta actividad criminal es también fuente de ingresos para el Cártel del Golfo e incluso para el Cártel de Sinaloa.[97] En cualquier caso, es claro que la actividad de tráfico de hidrocarburos constituye una inmensa fuente de ingresos para varias redes criminales, pues *"(...) la estimación oficial es que anualmente se sustraen hidrocarburos de manera ilegal con un valor de 20 mil millones de pesos [mexicanos], aunque esa cifra, según fuentes de Pemex, dista mucho de la realidad, porque el mayor porcentaje de extracción ilegal pertenece a la producción que nunca se reporta, tanto de petróleo crudo y gas, como de refinados, petroquímica básica y secundaria"*.[98]

Como es de esperarse, para ejecutar el tráfico de hidrocarburos, la red criminal opera mediante una compleja zona *gris* en la que participan nodos/agentes que desde organizaciones legales, de carácter público y privado, favorecen intereses criminales; este es el caso de agentes privados encargados del lavado de dinero y operaciones financieras, así como otros encargados de comprar dentro de Estados Unidos los hidrocarburos traficados desde México. De hecho, *"desde 2006, en la Unión Americana muchos consumidores adquirieron gasolinas formuladas con materia prima robada de Pemex y traficada con la protección de los cárteles de la droga mexicanos".*[99]

Como se discutió en la primera parte del libro, la elevada complejidad de una red criminal como la que se analiza en este capítulo, se traduce en la cantidad y diversidad de nodos/agentes e interacciones. De hecho, sólo el lavado de dinero procedente de esta actividad requiere de una elevada cantidad de actividades que implican múltiples interacciones: "*lavar dinero en una gasolinera implica la complicidad del franquiciatario con los directivos en turno de Pemex Refinación, las autoridades del Servicio de Administración Tributaria, la Procuraduría Federal del Consumidor y, en muchos casos, las asociaciones de empresarios gasolineros".*[100] La altísima variedad de interacciones refleja, entonces, una altísima complejidad que hace que la red sea muy resiliente, gracias al establecimiento de variadas rutas para el flujo de recursos legales e ilegales.

Un nodo/agente *gris* se caracteriza porque en sus acciones no coinciden el rol organizacional y el institucional; es decir, el nodo/agente *gris* es quien infringe las leyes incluso operando desde una organización legal.[101] Teniendo en cuenta esto, uno de los más importantes nodos/agentes *grises* de la presente red contó, incluso, con una elevada exposición a medios de comunicación nacionales de México, por ser director de un partido político a nivel estatal entre 2005 y 2007. Por lo tanto, este nodo/agente se caracterizó por actuar desde el rol de una organización legal, como un partido político, pero con un rol institucional ilegal, favoreciendo los intereses de una red criminal encargada de traficar hidrocarburos.

El principal nodo/agente *gris* de la macro-red de "Los Zetas", identificado en los grafos con el código LDEPOTIVIALOZEMNAM, ganó atención de los medios mexicanos tras ser capturado en 2009 por su presunta participación en la red criminal. Como se señala en las fuentes judiciales consultadas, LDEPOTIVIALOZEMNAM estaba supuestamente a cargo de "*dirigir y administrar las actividades de otros miembros de la red que también estaban bajo investigación*"[102] por parte de autoridades

mexicanas. De esta manera, se ilustra cómo la participación de nodos/
agentes *grises* u *opacos* que operan desde posiciones legales pareciera
indispensable para la operación exitosa de redes criminales que buscan
consolidar flujos de recursos en el mediano plazo y sobre todo infiltrar
y manipular instituciones formales o "legales".

Los nodos/agentes

La red modelada de "Los Zetas" consta de 313 nodos/agentes, de
los cuales la categoría más importante (53%) es, en principio, la de
"narcotraficante", seguida por "funcionarios públicos" (16%). Así, esta
red puede definirse como una *macro-red*, pues la cantidad de nodos/
agentes supera en cerca de dos órdenes de magnitud el número de Dunbar
y, por lo tanto, es imposible para cualquier persona memorizar y entender
los roles de todos los nodos/agentes involucrados. Como resultado, para
identificar y analizar la estructura de esta red es indispensable aplicar
herramientas computacionales que permitan asociar y analizar elevadas
cantidades de información. Sin estas herramientas sería prácticamente
imposible para cualquier investigador, fiscal, procurador de justicia o
juez, entender la estructura de esta red criminal y, por lo tanto, tomar
decisiones acertadas fundamentadas en la evidencia disponible.

Adicionalmente, como es de esperarse, para que la compleja macro-red
de "Los Zetas" pueda operar de manera exitosa, requiere la colaboración
de nodos/agentes que operan en el sector privado y legal de la sociedad,
lo cual coincide con el hecho de que el 11% de nodos/agentes fue
identificado como "privado". También es importante señalar que el 5%
de nodos/agentes fue identificado como "víctimas".

En general, los narcotraficantes y los funcionarios públicos de esta
macro-red constituyen el 69% del total de nodos/agentes de la red.
Este elevado porcentaje es consecuente con otras redes modeladas en
México como "La Familia Michoacana", para la que se encontró que
67% de los nodos/agentes eran narcotraficantes y 27% funcionarios
públicos.[103] Estas dos macro-redes sirven entonces para ilustrar la

convergencia masiva de funcionarios públicos y narcotraficantes en el territorio mexicano.

Al analizar los nodos/agentes categorizados como "narcotraficantes" resulta muy interesante que el 58% pertenecía a "Los Zetas", 30% a "La Familia Michoacana" y 12% al Cártel del Golfo, lo que muestra la constante evolución de las interacciones entre miembros de las diversas redes criminales que operan en México; evolución que permite la colaboración y confrontación según intereses coyunturales.

Aunque la cantidad de narcotraficantes, en general, representa el 53% de nodos/agentes de la macro-red modelada, llama la atención que sólo el 8% del total de nodos/agentes pertenece a la estructura de "Los Zetas" dedicada al tráfico de hidrocarburos. De esta manera, en la sub-red específicamente concentrada en la actividad criminal del tráfico de hidrocarburos participa una cantidad relativamente baja de nodos/agentes, cuando se compara con la cantidad total de narcotraficantes que se mencionan en las fuentes judiciales.

A su vez, teniendo en cuenta la importancia de los funcionarios públicos en esta macro-red, se encontró que el 88% del total de dichos funcionarios pertenecía al sector de seguridad pública como miembro del ejército o de la policía, mientras el 8% pertenecía a la rama ejecutiva y en el 4% no se identificó pertenencia. En este sentido, el apoyo a la red criminal por parte de agentes de seguridad pública, especialmente de policías municipales, parece indispensable para la operación exitosa de la red.

En total, 44 nodos/agentes de la macro-red de "Los Zetas" fueron clasificados como pertenecientes al sector seguridad (Tabla 1), lo cual incluye la policía en todos sus niveles, el Ejército, las agencias de aduanas y la patrulla de fronteras de México. Además, 12 oficiales de aduanas fueron mencionados en las fuentes judiciales, algunos de los cuales recibían un pago mensual, en efectivo, por permitir y facilitar el transporte de drogas ilegales e hidrocarburos. De esta manera, podría inferirse que el acceso a información privilegiada acerca de operativos y la provisión de seguridad para facilitar el movimiento de narcotraficantes y de narcóticos, así como de hidrocarburos, son recursos también indispensables para la operación de la red.

Ahora bien, el narcotraficante Osiel Cárdenas Guillén, miembro original del Cártel del Golfo, identificado en los grafos de la red con el código NA-LICADEGOOCRGN, estableció la mayor cantidad de interacciones. Como se señaló en la primera parte del presente libro, esta participación se calcula con el indicador de centralidad directa, que informa acerca de la participación porcentual de cada nodo/agente en el total de interacciones directas establecidas en la red. En este caso, se encontró que Osiel Cárdenas Guillén participó en el 4,2% de interacciones, de manera que actuó como el *hub* de la red, desde la época en que "Los Zetas" operaban como el brazo armado del Cártel del Golfo.[104]

Incluso después de haber sido capturado por autoridades mexicanas en 2003 y extraditado a Estados Unidos en 2007, Osiel Cárdenas siguió siendo relevante en el narcotráfico mexicano, pues en 2012 "Los Zetas" lo acusaron de proporcionar información a la DEA acerca de importantes actividades del grupo criminal. Específicamente, "Los Zetas" aseguraron que Osiel Cárdenas había proporcionado información para que el Cártel del Golfo y "Los Caballeros Templarios" ejecutaran operaciones contra "Los Zetas".

El nodo/agente con el segundo mayor porcentaje de conexiones, 3,1%, fue LDEPOTIVIALOZEMNAM, identificado líneas atrás como un director de partido político en el nivel estatal y actualmente eximido casi de toda responsabilidad penal, como se expuso en el capítulo anterior. Según las fuentes judiciales, este nodo/agente no sólo presuntamente le proporcionó a "Los Zetas" capacidad de participar indirectamente en decisiones políticas, al ser un líder con acceso a esferas públicas y privadas de carácter político, sino que también hizo parte de la estructura de finanzas de "Los Zetas", articulando la sub-red encargada de extraer y traficar hidrocarburos. Por ejemplo, según las investigaciones, LDEPOTIVIALOZEMNAM supuestamente participó en sobornos a funcionarios públicos para transportar los hidrocarburos robados, así como en el arriendo de camiones usados para ese mismo propósito. Este nodo/agente, por lo tanto, según las fuentes judiciales proporcionó importantes recursos legales e ilegales para la macro-red y especialmente a la sub-red de tráfico ilegal de hidrocarburos.

El tercer nodo/agente con mayor participación en interacciones directas es un privado identificado con el código PR-MIBADEARODEHIJVV, con un indicador de 2,7%. Este nodo/agente se encargaba de abrir y manejar cuentas bancarias usadas para lavar dinero. Este mismo nodo/agente llama la atención porque junto a Osiel Cárdenas y a LDEPOTIVIALOZEMNAM, los dos nodos/agentes con mayor participación en interacciones directas, configuran una eficiente triada de supuesta interacción entre un líder narcotraficante, un líder político y un agente privado. De ser cierta esta interacción, se facilitaría entonces el flujo de recursos estrictamente criminales, políticos y financieros a través de la macro-red. Aún más, el éxito de la sub-red de "Los Zetas" que opera en el robo, transporte y tráfico de hidrocarburos, es en buena parte el resultado de la actividad de estos tres nodos/agentes que establecen relaciones exitosas con nodos/agentes *grises* que operan desde instituciones legales, como partidos políticos e instituciones financieras. En general, estos tres nodos/agentes representan las tres principales dimensiones que conforman y describen una red criminal, a saber: la violenta o coercitiva, la política y la financiera o económica.

Ahora bien, el narcotraficante Osiel Cárdenas Guillén se registra no sólo como el *hub* que concentró interacciones directas de la macro-red, sino también como el *puente estructural* que más intervino en las rutas geodésicas de la macro-red.[105] Finalmente, dos nodos/agentes registran la segunda mayor capacidad para intervenir en las rutas de la macro-red, con un indicador de intervención de 8,9%: el narcotraficante y sicario alias "El Pita", identificado con el código

SI-LOZEOLPAEP, al igual que el líder político mencionado atrás con el código LDEPOTIVIALOZEMNAM.

Según las fuentes judiciales, "El Pita" proporcionó información relevante para entender la ejecución de homicidios pues interactuó con funcionarios públicos como, por ejemplo, un miembro de la policía local municipal Lázaro Cárdenas y Petacalco, en el Estado de Guerrero, para obtener protección e información. Además, "El Pita" interactuó con "La Tuta", uno de los más importantes líderes de "La Familia Michoacana" y posteriormente capturado en su carácter de líder del cártel de "Los Caballeros Templarios". Este amplio rango de interacciones explica el rol de puente estructural a cargo de "La Pita", conectando algunas sub-redes. El líder político descrito atrás, como ya se ha explicado, fue aparentemente relevante para conectar sectores legales e ilegales de la red.

El cuarto nodo/agente con el mayor indicador de intervención es Servando Gómez Martínez, alias "La Tuta" o "El Profe", identificado aquí con el código NA-FAMISGMMNLTEP. Este nodo/agente registra un indicador de 8,2%, lo cual se explica por su capacidad para intervenir en rutas geodésicas que permitían el flujo de información entre grupos criminales, así como con nodos/agentes públicos y privados. De hecho, "La Tuta" ha sido descrito como el nodo/agente con el mayor indicador de centralidad directa de la estructura de "La Familia Michoacana", según se analizó en 2012.[106]

Llama la atención que entre los nodos/agentes con mayor capacidad para intervenir en las rutas geodésicas de la macro-red, el número 12 es un funcionario público, identificado como alias "Karen". Este nodo/agente es un policía que colaboró con "Los Zetas" no sólo proporcionando información y seguridad, sino también empacando y transportando cargamentos de drogas ilegales.

Alias "Karen" es, por lo tanto, un interesante ejemplo de cooptación institucional, pues aunque este nodo/agente era miembro activo de la policía local, en las fuentes judiciales también era descrito como parte de la macro-red criminal de "Los Zetas". El grado de cooptación se puede inferir al constatar que 13 de los 313 nodos/agentes mencionados en las fuentes judiciales como miembros de la red pertenecían a la policía local.

La relevancia de "Karen" se evidencia en el conocimiento de la estructura de la macro-red, pues explicó cómo otros miembros de la policía trabajaban para "Los Zetas", incluso mientras estaban desarrollando sus turnos como policías activos.

Alias "Karen" también explicó que cuando comenzó a trabajar con "Los Zetas", su comandante en la policía le ofreció la tarea de cuidar los carros usados para transportar drogas ilegales y dinero, desde y hacia Nuevo Laredo. En ese momento, un comandante del Grupo Operativo Policiaco (GOP) le pagaba a "Karen" $300 dólares cada dos semanas por sus actividades criminales. Luego, la participación de "Karen" en las actividades de la red criminal se volvieron más frecuentes, hasta formar parte de la estructura.

Interacciones

En la presente macro-red se registraron 552 interacciones. La categoría más relevante de interacciones, con 17%, describe la estructura interna de "Los Zetas" concentrada en narcotráfico. El segundo tipo de interacción más relevante, con 14%, consiste en la estructura dedicada al lavado de dinero, especialmente a las transferencias entre cuentas bancarias, el cual es un procedimiento usado para evitar controles cambiarios entre México y Estados Unidos. El hecho de que este sea el segundo tipo de interacción de mayor relevancia, permite inferir la importancia del lavado de dinero en la articulación de la red (Ver Grafo 4).

Ahora bien, existen muy variadas interacciones que vinculan nodos/ agentes que también pertenecen a "Los Zetas", pero que están específicamente involucrados en el tráfico ilegal de hidrocarburos, llegando a configurar una sub-red. Esta sub-red es parte de la estructura de "Los Zetas" pero no está involucrada en actividades de narcotráfico, sino en robar y traficar hidrocarburos dentro de México, así como en transportarlos y venderlos a empresas legales a través de la frontera con Estados Unidos. Estas fueron las principales actividades sucedidas durante 2009, cuando se iniciaron las investigaciones que condujeron a las decisiones judiciales que sirvieron de fuente para este análisis.

La estructura dedicada al tráfico de hidrocarburos ilustra también la complejidad de una sub-red en la que participan nodos/agentes que son parte de "Los Zetas" y que operan en instituciones financieras, así como oficiales que operan en agencias mexicanas de aduana (ver grafos 7 y 8). En este sentido, la sub-red de tráfico de hidrocarburos ampliada en el grafo 8, ilustra la confluencia de (i) líderes políticos identificados con códigos que inician con las letras LD, (ii) nodos/agentes privados identificados con códigos que inician con las letras PR, y (iii) miembros de bandas dedicadas específicamente al tráfico de hidrocarburos y que por lo tanto son una ramificación de "Los Zetas", cuyos códigos inician con las letras MIBA.

Grafo 4. Detalle de estructura (sub-red) de lavado de dinero en la macro-red "Los Zetas", consistente en transferencias bancarias.

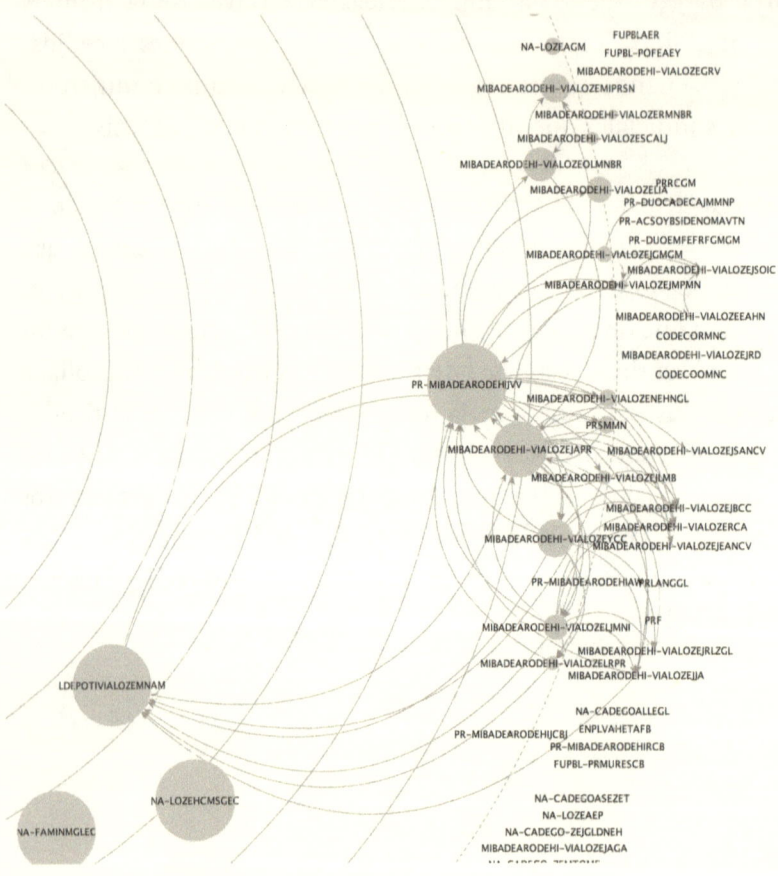

Grafo 5. Operación conjunta con oficiales de aduana en México en la macro-red "Los Zetas". Ubicación (mayor en el núcleo) y tamaño ilustran el indicador de intervención en las rutas geodésicas de la red.

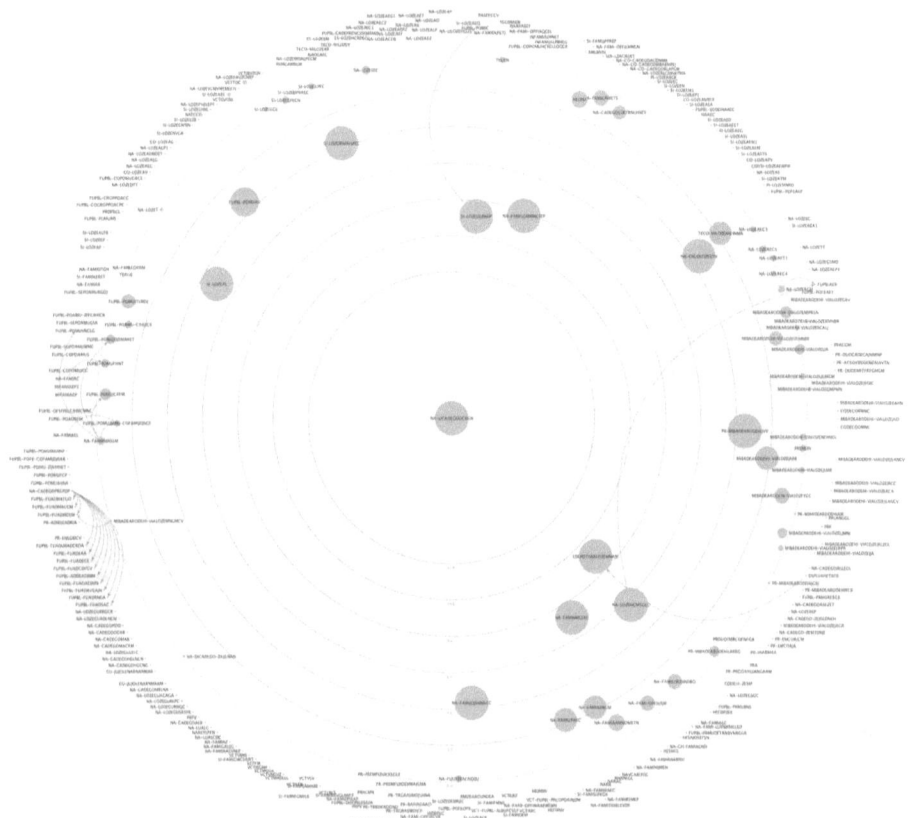

Grafo 6. Detalle de la sub-red (estructura) de operación conjunta entre narcotraficantes miembros de "Los Zetas" y funcionarios públicos de aduanas en México.

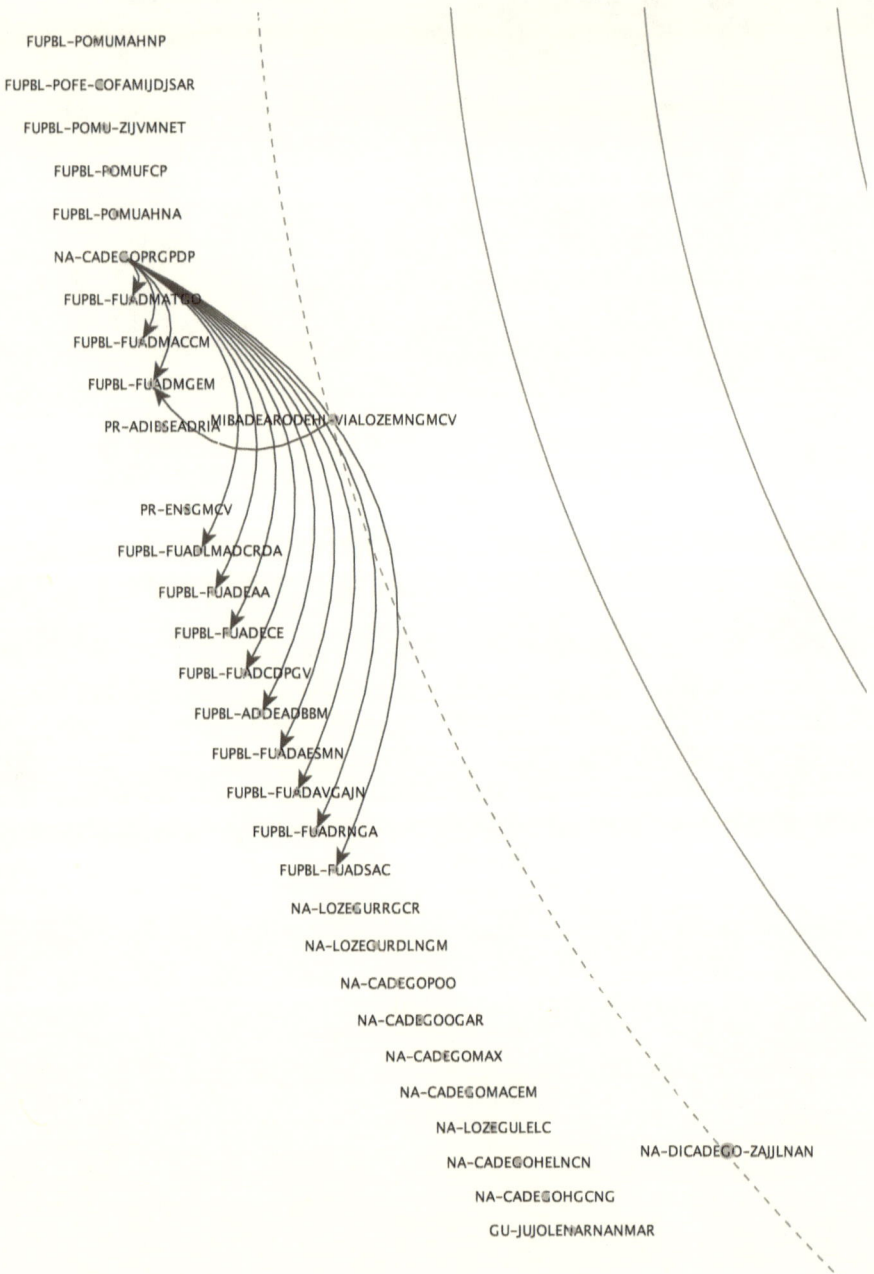

Grafo 7. Sub-red (estructura) de tráfico de condensado de hidrocarburos de la macro-red "Los Zetas". Ubicación (mayor en el núcleo) y tamaño ilustran la capacidad de intervención (capacidad para intervenir en las rutas geodésicas de la red).

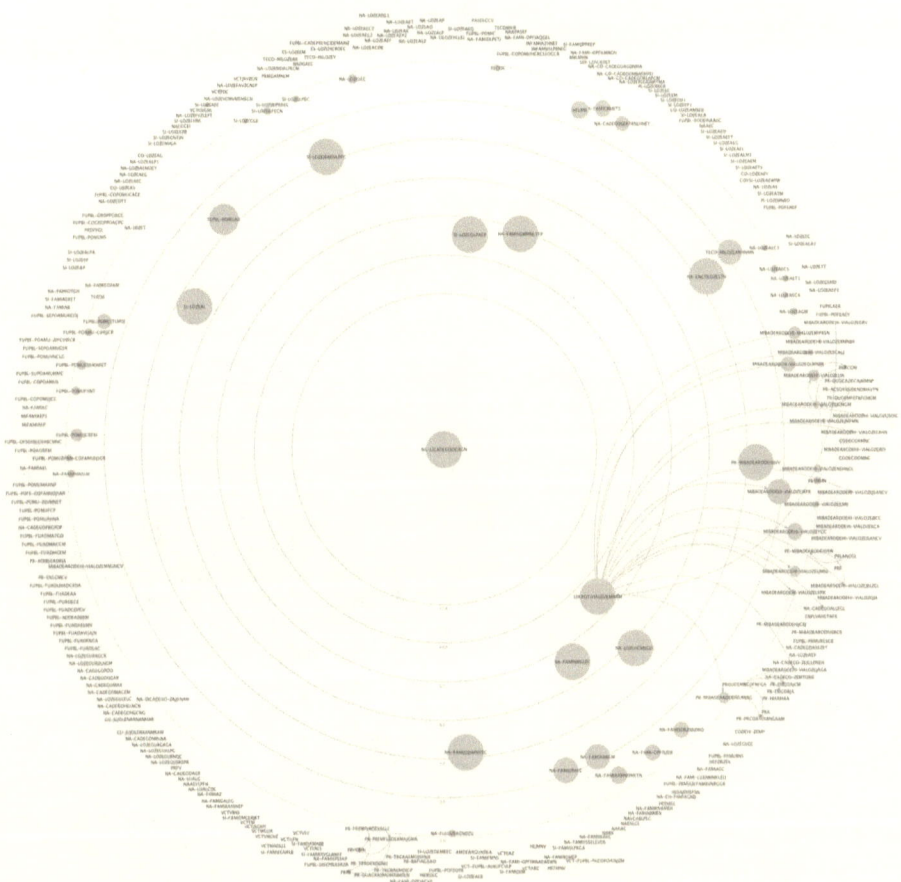

Grafo 8. Detalle de sub-red (estructura) tráfico de condensado de hidrocarburos, en la macro-red "Los Zetas".

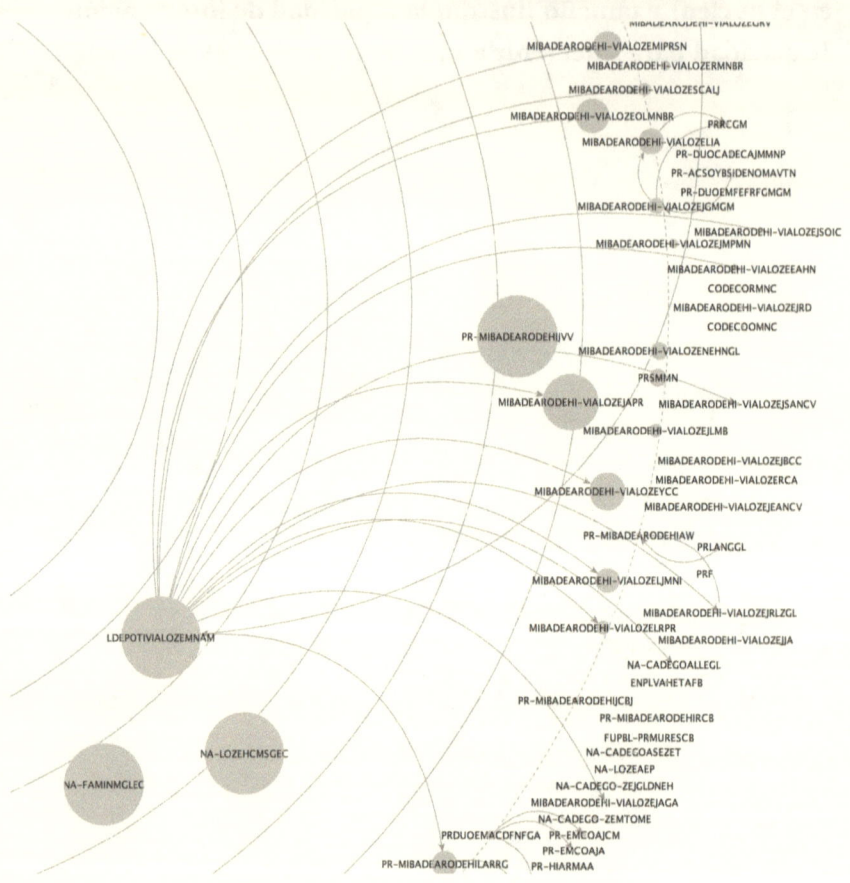

En la macro-red de "Los Zetas" no participan funcionarios públicos de los Estados Unidos, lo cual puede explicarse porque la información fuente fue producida por autoridades mexicanas. Teniendo en cuenta que el esquema de tráfico de hidrocarburos se completaba con la compra por parte de empresas legales en Estados Unidos, podría esperarse la participación de funcionarios estadounidenses de aduana, posiblemente mediante corrupción. Sin embargo, todos los funcionarios públicos mencionados en las fuentes judiciales, incluyendo aquellos de aduana que interactúan con agentes narcotraficantes, son mexicanos. De hecho, en los grafos 5 y 6 se observa la sub-red de acuerdos entre agentes narcotraficantes, identificados con códigos que inician con las letras NA, y funcionarios públicos de aduana, identificados con códigos que inician con las letras FUP. Esta sub-red, ampliada en detalle en el grafo 6, permite observar interacciones de una vía principalmente consistente en sobornos que se originan en el nodo identificado con el código NA-CADEGOPRGDP, narcotraficante alias "Don Pedro", hacia 11 funcionarios públicos.

En todo caso, la ausencia de información que describa la participación de funcionarios públicos de Estados Unidos, muestra la necesidad de verificar los posibles niveles de corrupción o cooptación que afectan a autoridades de ese país como agencias de aduana y fronteras, aparte de agentes privados de diversa naturaleza.

Adicionalmente, llama la atención que en la información fuente se hace referencia a oficiales de aduana e inmigración de Estados Unidos[107], quienes apoyaron de manera positiva las investigaciones judiciales. Específicamente, se explica cómo los oficiales de Estados Unidos obtuvieron y proporcionaron a autoridades mexicanas información de inteligencia acerca de las firmas que compraron los hidrocarburos robados dentro de Estados Unidos, las cuales pagaban cerca de $800,000 dólares por cada carga de condensado de hidrocarburo.

Para finalizar, esta macro-red ilustra un nivel relativamente alto de resiliencia como resultado de su descentralización; específicamente, debido a que cuenta con sub-redes articuladas por nodos/agentes locales, así como una elevada cantidad y variedad de nodos/agentes e interacciones. Esto se refleja en que ninguno de los dos indicadores, el de centralidad directa o el de intervención, está altamente concentrado en uno o unos pocos nodos/agentes.

La concentración de la capacidad para intervenir en las rutas geodésicas, analizada con el indicador de intervención o *betweenness*, presenta mayor concentración que el indicador de centralidad directa, pero aún así dicha concentración es relativamente baja cuando se compara con otras macro-redes criminales. En consecuencia, el nivel elevado de resiliencia implica que sería necesario aislar varios nodos/agentes de manera simultánea para poder afectar la estructura de la macro-red.

Complejidad, resiliencia y diversidad de la macro-red de "Los Zetas"

La macro-red de "Los Zetas" ejemplifica algunas características de las actuales redes criminales que operan *en* y *a través* del hemisferio occidental, especialmente en la región de México y Centro América: (i) la capacidad para operar a través de fronteras, (ii) la disposición estratégica para algunas veces cooperar estratégica o tácticamente con otras redes criminales y, si la situación lo requiere, también confrontarlas, y (iii) la disposición a que una sub-red de una macro-red se convierta en una red o incluso macro-red autónoma en sí misma, como "Los Zetas" que eran inicialmente un brazo armado del Cártel del Golfo.

El presente caso ilustra especialmente la capacidad de las actuales macro-redes criminales para diversificar sus actividades, consolidando su presencia y operación en una creciente cantidad de regiones y mercados ilícitos. Aunque "Los Zetas" son usualmente definidos como una organización narcotraficante mexicana, actualmente esta macro-red opera en territorios distintos al mexicano, y en actividades distintas al narcotráfico. Esta diversificación ha conducido, como es de esperarse, a una mayor complejidad y, por lo tanto, resiliencia de la red. En consecuencia, se ha establecido un círculo causal en el que la mayor complejidad le permite a la macro-red operar en más actividades criminales e incluso legales, lo cual la fortalece y, a su vez, aumenta su complejidad. Como resultado, más formas de interacción y más tipos de nodos/agentes surgen, diversifican y fortalecen la macro-red criminal.

Como se discute adelante, aunque la sub-red dedicada al tráfico de hidrocarburos sufrió algún nivel de desarticulación gracias a la acción de las autoridades mexicanas, la macro-red de "Los Zetas", en conjunto, no se ha visto gravemente afectada. De hecho, es previsible que ni la captura de Omar Triviño, alias "Z-42", en marzo de 2015,[108] afecte a la macro-red, así como las capturas de "El Chapo", en su momento, tampoco han implicado la desarticulación del Cártel de Sinaloa. En este sentido, tanto la diversificación de actividades, como la descentralización de poder de decisión, explican parte del éxito de "Los Zetas".

Tabla 1. Tipos de nodos/agentes miembros de la red.

Tipo de nodo/agente	%
Funcionario de aduanas	25
Policía municipal	11
Policía Municipal en la ciudad de Hidalgo, Michoacán, colaborador de la "Familia Michoacana".	7
Policía federal	7
Comandante policía municipal	7
Policía municipal de segundo rango	5
Policía Municipal en la ciudad de Zitacuaro, Michoacán, colaborador de la "Familia Michoacana"	7
Supervisor policía municipal	2
Soldado del Ejército	2
Policía Municipal en la ciudad de Zitacuaro e Hidalgo, Michoacán.	2
Policia Municipal en la ciudad de Zitacuaro, Michoacán.	2
Policía Municipal en la ciudad de Hidalgo, Michoacán.	2
Policia Ministerial	2
Policia Federal, colaborador de la "Familia Michoacana".	2
Policía	2
Oficial de Seguridad Pública en la ciudad de Hidalgo, Michoacán.	2
Grupo Operativo Policiaco	2
Director de Secretaría de Seguridad Pública	2
Coordinador de la Policía Municipal	2
Comandante del Grupo Operativo Policíaco	2
Oificial Administrativo de Aduanas.	2

Capítulo 10

Las demandas de PEMEX en Estados Unidos

Por: Francisco Gómez Flores

Mientras en México se diluía el escándalo de la detención del dirigente del PRD en Tamaulipas por el robo de combustible a Pemex, un año y tres meses después la paraestatal mexicana, que para ese momento estaba ya retrasada para proceder contra los responsables en Estados Unidos, se decidió a entablar una demanda civil contra los involucrados en estos hechos.

Con el argumento de haberse cometido delitos como el de apropiación indebida proveniente del uso de propiedad robada, enriquecimiento ilícito, recepción de dinero ilícito, conspiración civil y violaciones de las leyes de Responsabilidad por Robo de Texas y de Organizaciones Corruptas e Influidas por la Mafia (RICO), la paraestatal mexicana intentó recuperar una parte del quebranto cometido por "Los Zetas", el Cártel del Golfo, así como empresas y empresarios mexicanos y estadounidenses.

Así, Pemex inició el 7 de junio de 2010 en la Corte de Distrito del Sur de Texas, en Houston, una demanda civil contra empresas y particulares, y el 29 de mayo de 2011 realizó una segunda acusación que le fue

Eduardo Salcedo-Albarán & Luis J. Garay-Salamanca*

admitida Sin embargo, en abril de 2012, la acusación fracasó cuando se pretendió ampliar la denuncia civil contra otras empresas y particulares, debido a que el juez encargado del caso en Estados Unidos rechazó la petición por considerar que ello provocaría una acción compleja en un juicio que ya en ese momento era largo y complicado, que además llevaba casi dos años sin resolverse.

Las demandas civiles involucraban a empresas como *Basf Corporation, Shell Trading US, Murphy Energy Corporation, Trammo Petroleum, Continental Fuels, US Petroleum Depot Inc, High Sierra Crude Oil & Marketing, Petro Source Partners, St. James Energy Operating, F&M Transportation, Plains Marketing, Superior Crude Gathering, Conoco Phillips Co., Midstream Transport, Texstar Midstream Transport, Marathon Petroleum Co, Sunoco Partners Marketing & Terminals,* y contra los empresarios Arnoldo Maldonado, Jonathan Dappen, Stephen Pechenik, Timothy L. Brink, Donald P. Schroeder, Joshua Crescenzi, James Jensen y Jeff Kirby, entre otros.

El 2 de junio de 2014, cuando ya habían transcurrido cuatro años de juicio, el juez estadounidense Simeon Lake halló culpables de apropiación indebida y conspiración civil para cometer un delito a *Continental Fuels, Inc.*, a su presidente Timothy L. Brink, a su filial *U.S. Petroleum Depot, Inc.*, y a Jonathan Dappen, director de *M&B Trading*. El juez sentenció a los acusados a pagarle a Pemex USD $27,410,000 más intereses por pre-juicio por USD$ 8,857,000 e intereses post-juicio a una tasa anual de 0,09%, lo cual fue titulado en los medios de comunicación como una "victoria pírrica" para el estado Mexicano.[109]

El resultado de este juicio representó sólo la recuperación de casi el 10% de lo que tenía planeado Pemex obtener con estas demandas civiles y que ascendía a 300 millones de dólares, además de que –como consigna la nota de la agencia informativa– un mes antes el juez Lake desestimó los cargos contra otro grupo de empresas y particulares, debido a que había transcurrido el límite de dos años para presentar las demandas y

138

porque Pemex y sus abogados no pudieron presentar evidencia sólida para sustentar su caso.

"Los Zetas" al interior de PEMEX

"Los Zetas" no sólo obtuvieron ganancias saqueando a Pemex desde afuera con el robo de combustible. También penetraron la estructura de la paraestatal mediante una empresa que les sirvió de pantalla para obtener millonarias ganancias, como sucedió con la compañía *ADT Petroservicios* que dirigía Francisco Colorado Cessa, "Pancho Colorado", el empresario veracruzano ligado a esa organización criminal.

"Pancho Colorado", actualmente sentenciado a 20 años de prisión en Estados Unidos por el delito de "lavado" de dinero, ha sido también acusado en Estados Unidos por haber comprado a través de su empresa *ADT Petroservicios* caballos de carreras de un cuarto de milla para miembros de "Los Zetas". También hay testimonios de que su compañía, que trabaja para Pemex y otros gobiernos estatales mexicanos, fue constituida con dinero producto de las actividades ilícitas de "Los Zetas".

Según los antecedentes del caso, el contacto inicial de "Pancho Colorado" con "Los Zetas" sucedió mediante uno de los fundadores del grupo criminal, Efraín Teodoro Torres, "El Zeta-14", quien financió la compra de la maquinaria para fundar la compañía *ADT Petroservicios*, sobre la cual acordaron compartir ganancias el empresario veracruzano y el jefe criminal. Sobre el acuerdo para constituir y adquirir del equipo de la compañía, hay una versión directa rendida ante la Corte de Distrito Oeste en Austin, Texas.

Se trata del testimonio de quien fuera el "contador" de "Los Zetas" en la plaza de Veracruz, José Carlos Hinojosa, "Charly", actualmente detenido y condenado a 24 años de prisión en Estados Unidos. A continuación se presentan extractos esenciales de su declaración dentro del juicio que se realizó contra Pancho Colorado.[110]

¿Usted fue, en esencia, el "contador" para el jefe de plaza Efraín Torres, "El Z-14"?

-Sí.

¿Usted personalmente sabe acerca de las finanzas de Efraín Torres?

-Sí.

¿Cómo se hizo de todo su dinero?

-Las drogas, contrabando, secuestros, todo.

¿Tenía algún ingreso legítimo o legal?

-No.

¿Sabe si Efraín Torres nunca le dio dinero a Francisco Colorado Cessa?

-Sí.

¿Cuándo fue la primera vez que usted supo que Efraín Torres le dio dinero a "Pancho" Colorado Cessa?

-Una de las primeras veces, no me acuerdo si era de antes o después, fue cuando tenían que ser una gran suma de dinero para apoyar al gobernador –el candidato a gobernador del estado de Veracruz.

¿Sabe usted sí o no si Efraín Torres dio dinero al demandado "Pancho" Colorado para *ADT Petroservicios*?

-Sí.

¿Cuándo fue eso?

-No recuerdo la fecha exacta, pero era para la maquinaria porque iban a estar trabajando en los proyectos del gobierno. Iban a crear una empresa para obtener los proyectos del gobierno.

Está bien. Aunque no recuerda la fecha exacta, deme una idea ¿en qué año fue?

-Entre 2004, 2005.

¿Cuánto dinero se le dio entonces?

-Fueron aproximadamente 6 millones.

Hábleme de *ADT Petroservicios*. Hemos escuchado un poco al respecto. Pero ¿qué tipo de empresa era?

-Era una empresa para construir carreteras, para hacer proyectos de Pemex, hacer la perforación, hacer la limpieza, cosas así, todo lo que Pemex los contrató para hacer.

Antes de que le diera dinero Efraín Torres la primera vez ¿qué tan grande era *ADT Petroservicios*?

-No era tan grande porque era con ese dinero que ellos iban a comprar todo, toda la maquinaria para poder trabajar sobre los proyectos y los contratos para el gobierno del Estado.

Cuando se utiliza la palabra "ellos", ¿qué quiere decir?

-¿Cómo dices?

Usted dijo "para ellos" o "ellos" para comprar maquinaria.

-Oh, oh, "Pancho" Colorado y "Zeta 14".

Está bien. ¿Quién era dueño de *ADT Petroservicios*?

-Yo sabía que "Pancho" Colorado, pero él era el que estaba como el jefe de la empresa, la cara de la empresa.

¿Quién controla esta sociedad?

-"Pancho" Colorado.

¿El señor Torres no tenía ninguna autoridad sobre *ADT Petroservicios*?

-Autoridad no, pero eran socios desde la compra de la maquinaria y en la compañía, y habían llegado a un acuerdo sobre la distribución de las ganancias y todo eso.

Entonces, ¿quién financió la empresa?

-"Zeta 14".

Otro testimonio que confirmó la relación del empresario "Pancho" Colorado con "Los Zetas" y el financiamiento de éstos a su compañía, se produjo también en la misma Corte estadounidense, con la declaración de Jesús Enrique Rejón Aguilar, "El Z-7" o "El Mamito". Éste confirmó y describió el vínculo y la forma de operar el "lavado" de dinero de la organización y declaró que "Pancho" Colorado y Efraín Torres, "El Z-14", eran compadres.

"A Pancho Colorado lo conocí en 2006 o 2007", dijo este ex militar especializado como francotirador antiterrorista, guerra urbana y técnicas de supervivencia. Aseguró que "El Z-14" "ayudó" al empresario con la compañía *ADT Petroservicios*, que se dedicaba a realizar trabajos de limpieza para Pemex.

Para tener una idea de la magnitud de recursos a los que "Los Zetas" accedieron mediante *ADT Petroservicios*, el equipo de investigaciones especiales del noticiero radiofónico dirigido por la periodista Carmen Aristegui descubrió que esta empresa firmó 30 contratos con Pemex en el periodo 2003-2011. Dichos contratos, publicados en el mencionado portal de noticias, sumaron más de 2 mil millones de pesos mexicanos, alrededor de 170 millones de dólares.[111] Además, la empresa *ADT Petroservicios* participó en concursos de Pemex al menos hasta enero del año 2014, mediante una subsidiaria llamada *MTTM Servicios Petroleros*. En el año 2009 esta empresa se constituyó al asociarse *ADT Petroservicios* con la canadiense *Xtreme Energy Group*, y lograron el contrato para entregar cinco equipos de perforación a Pemex, que costarían casi mil 200 millones de pesos, más de 90 millones de dólares.

ADT Petroservicios funcionaría entonces como intermediario, pues la canadiense *Xtreme Energy* fabricaría los equipos en Canadá, en la región petrolera de Alberta. Pemex dio a *ADT Petroservicios* un anticipo de 60 millones de pesos, unos 4,6 millones de dólares, los cuales se depositaron, también como adelanto, al fabricante *Xtreme Energy*.

Pero esta compañía canadiense entregó sólo tres equipos y poco después se declaró en quiebra. *ADT Petroservicios* demandó a *Xtreme Energy*; sin embargo, en México ambas empresas siguen juntas para apelar la sanción impuesta por Pemex y el pago completo del contrato, según el informe anual 2013 de los litigios que sostiene Pemex.

Paralelamente, en la investigación citada se detectó que *ADT Petroservicios* obtuvo 22 contratos con la Secretaría de Desarrollo Agropecuario, Rural y Pesca del gobierno del Estado de Veracruz, por 20 millones 554 mil pesos, aproximadamente 1,7 millones de dólares, durante el sexenio del ex gobernador de esa entidad, el priísta Fidel Herrera. A la campaña electoral de éste se habrían destinado los otros 12 millones de dólares a que hace mención el contador de "Los Zetas" en su testimonio jurado ante autoridades de Estados Unidos.

La expansión de "Los Zetas" en Veracruz se produjo precisamente cuando el priísta Fidel Herrera ocupó la gobernatura de esa entidad, tiempo en el que abundaron las ejecuciones, los secuestros y las extorsiones. El político del PRI siempre ha rechazado tener presuntos nexos con el crimen organizado, pero durante su administración al frente del gobierno veracruzano los índices delictivos se dispararon y fue ampliamente documentada la presencia de "Los Zetas", así como sus nexos con cuerpos policíacos a lo largo de la entidad.[112]

Epílogo

El robo de combustible y la corrupción dentro de Pemex son lastres que arrastra la empresa considerada el pilar de la economía de México. Es tal la magnitud de recursos económicos de esta empresa, que redes criminales mexicanas se han dado a la tarea de infiltrar sus actividades comerciales, como es el caso particular del Cártel de Sinaloa, del Golfo y sus ex aliados "Los Zetas". Ambos grupos criminales han explotado esta vertiente como parte importante de su financiamiento.

El caso concreto del robo de combustible es actualmente considerado por el Ejército mexicano y otras autoridades mexicanas como un elemento indispensable para que las redes criminales sigan operando sus actividades ilícitas, especialmente en la zona donde se ubica el complejo Proyecto Integral Burgos. La comandancia de la IV Región Militar que comprende los estados de Tamaulipas, Nuevo León y San Luis Potosí, considera que el hurto de hidrocarburo es ya una actividad vital para la existencia y reproducción de las redes criminales asentadas en la zona.

A pesar de que hay personal del Ejército y de la Marina desplegado para ayudar a la seguridad de las instalaciones estratégicas de Pemex, la mayor parte de la infraestructura de la paraestatal está al alcance de la delincuencia. Como se puede apreciar en el más reciente informe de Pemex sobre las pérdidas causadas por el robo de combustible, se precisa que éstas ascendían tan sólo de enero a agosto de 2014 a un aproximado de 15 mil 300 millones de pesos mexicanos. Esta cifra es muy importante si además se considera que entre enero y agosto de 2014 fueron sustraídos ilegalmente un aproximado de 7,5 millones de barriles de combustible. Las cifras proporcionadas por Pemex a los integrantes de la Cámara de Diputados señala que cada día es mayor el número de tomas clandestinas con las cuales se extrae de manera ilegal el hidrocarburo.

Para comprobar que son "Los Zetas" y el Cártel del Golfo los que alientan y protegen en su mayor parte el robo de combustible en México, Pemex ha señalado que en Cadereyta-Reynosa-Matamoros y Madero-Cadereyta, lo mismo que en Salamanca-Guadalajara, son ramales de poliductos que se ubican en la zona de operación de las citadas redes criminales.

Como si la situación no fuera suficientemente grave, recientemente la PGR detectó que el Cártel del Golfo extendió sus nexos criminales hasta la zona del Bajío.[113] Allí, asociado con el propietario de la empresa *Petro-Bajío*, Martín Jiménez Silva, el Cártel del Golfo ilegalmente robaba 4 millones de litros de combustible cada mes de los ductos ubicados en Tamaulipas. La empresa pagaba 5 millones de pesos mexicanos mensuales a sus empleados por permitir robar el combustible desde tomas clandestinas colocadas y administradas por el grupo delictivo en diferentes puntos de la entidad tamaulipeca.

Así, Pemex calificó como "*preocupante la tendencia al alza en el robo de gasolina y crudo*". Para tener una idea de la cantidad de tomas clandestinas desde las cuales se hurta el combustible y que se han detectado desde 2012. Basta referirse al informe de la paraestatal: al inicio del gobierno de Enrique Peña Nieto, es decir, 2012, el número de tomas clandestinas clausuradas fue de mil 635, mientras que para 2013 se descubrieron y sellaron 2 mil 612 y sólo hasta agosto de 2014, se hallaron y cerraron 2 mil 481 instalaciones ilícitas.

Existen indicios de que en la instalación de tomas clandestinas participan ex o empleados de Pemex, pues ellos cuentan con el conocimiento técnico para identificar los sitios donde se puede colocar las válvulas clandestinas para extraer el combustible. Pero la colaboración de empleados de Pemex, posiblemente, no se limita a informar acerca de las zonas susceptibles de ser robadas. Por ejemplo, se requiere de conocimiento experto para sustraer, manipular, envasar y transportar el condensado, por tratarse de un material muy volátil y explosivo, de manera que *"por esa simple razón, su contrabando jamás hubiera sido posible sin contar con los conocimientos de los petroleros"*.[114]

Otro punto alarmante es la contaminación y los accidentes causados por la instalación de tomas clandestinas. Por derrames causados y la consecuente contaminación de las zonas, la paraestatal erogó aproximadamente 150 millones de pesos mexicanos en el año 2014.

Apenas el 25 de agosto de 2014, en la zona de Poliductos de Cadereyta-Reynosa-Matamoros, una toma clandestina provocó que alrededor de 4 mil barriles de petróleo se derramaran en el río San Juan. Pemex tuvo que limpiar y reparar los daños por el derrame del crudo, aunque el impacto ecológico aún está por definirse. Como éste, los casos de derrames de hidrocarburos sobre afluentes, campos agrícolas y ganaderos, son cada vez más frecuentes, según Pemex.

Además, Pemex ha señalado a diputados que, en sentido estricto no le corresponde investigar los robos de combustible porque no es un Ministerio Público y, si bien cuenta con una fuerza de seguridad física para prevenir el mercado ilegal de combustible, sólo apoya a las autoridades en las indagaciones correspondientes. Infortunadamente, el robo de combustible se produce igual dentro de las instalaciones de la empresa y participan en ello trabajadores de la paraestatal. Sin embargo, poco se habla de esta situación, tal vez por temor al poderoso sindicato petrolero: Hay complejos donde *"no se mueve un dedo si no lo autoriza el sindicato"*.[115]

Frente a este panorama, Pemex espera recibir inversiones calculadas en 50 mil millones de dólares entre 2015 y 2018, según estimaciones de la Secretaría de Energía, como consecuencia de la reforma energética aprobada en 2014 por el Congreso de la Unión, que permite ahora la inversión privada en su operación. Sin embargo, nada se ha dicho sobre si el Estado mexicano, que hasta ahora se ha mostrado incapaz para garantizar la seguridad de Pemex, deberá proveer dicha seguridad a los nuevos inversionistas, o bien si ellos traerán sus propios sistemas y personal de seguridad. Esto será tema de debate intenso en los próximos años, a medida que inversionistas extranjeros padezcan la crítica situación de seguridad que afecta la operación de la empresa y, tal vez, decidan desplegar sus propios esquemas de seguridad. Ya en otros lugares caracterizados por su debilidad institucional, el establecimiento de esquemas de seguridad privada ha conducido a la formación de ejércitos paramilitares y, rápidamente, al tratamiento de pleitos laborales y sindicales como temas de seguridad de la empresa. Colombia es uno de los ejemplos más ilustrativos al respecto.[116]

A final de cuentas es claro que el robo de combustible contra Pemex prosigue con intensidad y sofisticación creciente, pese a la captura de dirigentes o líderes de grupos criminales que en el pasado encabezaron esta ilícita actividad. Las redes criminales que se han creado son cada vez más difíciles de desmantelar, tanto por sus ramificaciones geográficas y su variedad de actividades legales e ilegales, como por los niveles de protección oficial con que cuentan. Es por lo tanto evidente que redes criminales como "Los Zetas" buscarán participar cada vez más, infiltrando Pemex conforme se vaya expandiendo su infraestructura. En general, el robo y tráfico de hidrocarburo no llama la atención de la prensa nacional e internacional, y tal vez de la sociedad en general, como lo hacen el narcotráfico y la violencia.

Las autoridades mexicanas han considerado el problema aquí descrito, básicamente, como producto de grupos ligados al narcotráfico, pero lo más probable es que, como es usual, estén omitiendo la real complejidad del fenómeno, que abarca las estructuras internas de la petrolera. De hecho, no pareciera haber investigaciones penales contundentes sobre la participación de empleados y líderes ligados al sindicato petrolero, organismo considerado como de alta corrupción en México. De hecho, se ha señalado que *"Pemex también durante mucho tiempo ha tolerado el robo por parte de trabajadores sindicados"*,[117] de manera que no sería descabellado esperar complicidad de miembros del sindicato con las redes criminales que roban a la empresa.

Como si fuera poco, la situación aquí descrita y analizada, que principalmente consistió en las acciones criminales en torno al complejo de la Cuenca de Burgos, *"representa sólo el 30 por ciento en promedio de los hidrocarburos que se le hurtan a la paraestatal, el resto son gasolinas, diesel, turbosina, gas licuado, aceites, nafta, y asfalto; y para todo esto hay un amplio mercado"*.[118] Las oportunidades de acción criminal y los estímulos económicos e institucionales en forma impunidad y complicidad, explican la participación de complejas redes criminales en esta actividad.

¿Cuántos "Pancho Colorado" se requieren para saber hasta dónde se han infiltrado los saqueadores de Pemex? ¿Cuántos millones de barriles de crudo deben ser robados para ejecutar un plan de seguridad integral en Pemex? ¿Cuántas denuncias y tomas clandestinas deben haber para proceder contra empresas y particulares vinculados a este delito que causan y han causado severas pérdidas al erario nacional?

PARTE 4

ENFRENTANDO LA COMPLEJIDAD CRIMINAL

Capítulo 11

Enfrentado la complejidad: Implicaciones de las macro-redes criminales actuales

Por: Eduardo Salcedo-Albarán y Luis Jorge Garay-Salamanca

Teniendo en cuenta los conceptos, metodologías y casos expuestos hasta este punto, se podría argumentar, al menos en principio, que la macro-red "Los Zetas", con 313 nodos/agentes y 552 interacciones, es relativamente más compleja que la red "Montesinos-FARC", con 35 nodos/agentes y 79 interacciones. De hecho, prestando atención a estas dos características de cada red, puede concluirse que la red de "Los Zetas" es una *macro-red* dada la elevada cantidad de nodos/agentes y de interacciones que la conforman.

Aunque en ambas redes se registra la participación de funcionarios públicos, agentes privados y criminales, son más variados los tipos de nodos/agentes registrados en la macro-red "Los Zetas" que en la red "Montesinos-FARC". Por ejemplo, si sólo se prestara atención a los nodos/agentes criminales que operan desde posiciones estrictamente criminales en cada red, en la red "Montesinos-FARC" sólo se registran unos pocos guerrilleros y traficantes de armas, mientras que en la macro-red "Los Zetas" participan numerosos narcotraficantes, aparte de los nodos/agentes criminales concentrados en el tráfico de hidrocarburos. Lo mismo sucede con la variedad de tipos de interacciones que, como habría de suponerse, es mucho mayor en la macro-red "Los Zetas" que en la red "Montesinos-FARC".

Ahora bien, la complejidad que resulta de la elevada cantidad y variedad de tipos de nodos/agentes e interacciones de la macro-red "Los Zetas", está a su vez relacionada con su naturaleza descentralizada, pues sería casi imposible para un único nodo/agente concentrar el poder decisión y el liderazgo de una macro-red tan extensa. En cualquier caso, al margen de que una red criminal sea más compleja que la otra, ambas han generado graves efectos negativos a mediano y largo plazo.

Actualmente, los sistemas de justicia en el Hemisferio Occidental, Europa Oriental y en buena parte de África enfrentan graves problemas asociados a la corrupción sistémica y la criminalidad compleja, a las malas prácticas en peritajes y gestión de información, a técnicas de investigación equivocadas o insuficientes y hasta normas jurisprudenciales convencionales que resultan contraproducentes e inapropiadas. Sin embargo, en la raíz de estos problemas está frecuentemente la falta de disposición, política y administrativa, para entender y reconocer la complejidad criminal. Esta falta de disposición resulta algunas veces de la precariedad de los mismos sistemas de justicia, que carecen de los recursos necesarios para cumplir cabalmente sus tareas. Otras veces resulta del interés de algunos agentes sociales por reproducir el desorden social e institucional para encontrar atajos favorables a la realización de proyectos criminales.

Es casi imposible, por definición, identificar y entender todas las características de un fenómeno social o natural complejo, como la criminalidad; sin embargo, sí resulta posible identificar y entender algunas características determinantes mediante un adecuado enfoque jurídico-penal y con las mejores prácticas de recolección de información y aplicación de herramientas computacionales. Cuando la naturaleza de los fenómenos criminales no se entiende de manera adecuada, la vida de miles de personas se pone en peligro, constituyéndose así en una situación digna de reproche moral. En el ámbito personal, los ciudadanos siempre tienen la opción de entender de manera incompleta su realidad social; sin embargo, en el caso de la función pública, esta conducta puede conducir a decisiones equivocadas, con efectos negativos para la sociedad en su conjunto. Por este motivo, explorar, adoptar y promover enfoques, metodologías y procedimientos de análisis que permitan entender de la manera más completa posible la naturaleza de las redes criminales, y así poder juzgarlas y sancionarlas debidamente, es un deber moral de los sistemas de justicia.

Precisamente, en el presente libro se han propuesto protocolos y métodos de análisis orientados a entender características que usualmente se omiten. Específicamente, aquí se han integrado descripciones cualitativas, relacionadas con el contexto político y social de cada red, y cuantitativas, como la medición de las concentraciones de nodos/agentes e interacciones, según sus diferentes tipos. Adicionalmente, se han complementado los análisis de características tanto generales de las estructuras como individuales de nodos/agentes específicos. Se trata, básicamente, de integrar las escalas macro, meso y micro de análisis, así como las aproximaciones cualitativas y cuantitativas.

Como resultado, se ha encontrado que los dos casos analizados comparten características generales que cada vez con mayor respaldo empírico pueden interpretarse como distintivas de diferentes tipos de redes criminales actuales. Por ejemplo, la participación tanto de nodos/agentes poderosos que operan desde el sector privado como de líderes políticos y funcionarios públicos de alto nivel, parece ser una condición indispensable, aunque insuficiente por sí sola, para garantizar el "éxito" de las redes criminales actuales. Sin la participación de estos tipos de agentes, una red criminal difícilmente podría alcanzar la escala de macro-criminalidad que caracteriza a varias redes criminales actuales.

Sin embargo, aunque ambas redes aquí analizadas comparten tales características, también hay diferencias claras que permiten ilustrar estructuras, estrategias y formas de accionar propias en cada caso. Entender esas diferencias es crucial: La red "Montesinos-FARC" era altamente centralizada y poco resiliente, y por ello se pudo desarticular casi totalmente cuando sus lideres perdieron capacidad de acción, mientras que la macro-red de "Los Zetas" es altamente descentralizada, diversificada y resiliente, por lo que puede esperarse que no se desarticule cuando varios de sus líderes sean capturados o desaparezcan. Las implicaciones de cada situación se exploran a continuación.

Dos formas de éxito criminal

Podría pensarse que la red "Montesinos-FARC" fue más exitosa que la macro-red de "Los Zetas" porque articuló a funcionarios del más alto nivel en el Estado peruano: la Presidencia de la República y el Servicio de Inteligencia. Por otra parte, podría suponerse que la macro-red de "Los Zetas" es más exitosa porque aún hoy continúa existiendo a pesar de las constantes capturas de algunos de sus líderes. En realidad, ambas son formas de *éxito* criminal, según la estructura, la resiliencia y el plazo en el que opera cada red.

Por una parte, la red "Montesinos-FARC" y el entramado de interacciones establecidas por Fujimori y Montesinos, se caracterizaron por una elevada concentración de poder alrededor de pocos agentes y una baja resiliencia, consecuente con la alta concentración de poder de decisión e información por parte de Montesinos, que en últimas condujo a una modesta perdurabilidad. Dicha concentración, en términos prácticos, implicaba que cuando Montesinos fuera removido de la estructura criminal, sería muy difícil reemplazarlo y, por lo tanto, la red transitaría a un estado de desarticulación. En realidad, como se mostró en la segunda parte de este libro, buena parte de los nodos/agentes estaban integrados a la red mediante la interacción directa con Montesinos y, por lo tanto, de la permanencia de Montesinos dependía la estabilidad de la estructura criminal.

En este contexto, podría pensarse que la red "Montesinos-FARC" fue entonces poco exitosa en una perspectiva perdurable porque sus líderes no lograron establecer una estructura que continuara operando, al margen de la participación de un nodo/agente específico. No obstante, esta misma red también podría considerarse como altamente exitosa porque en virtud de esa elevada concentración de poder y su consecuente coordinación, se pudo cooptar buena parte de la cúpula del Estado peruano y ejecutar una muy compleja operación transnacional en la que participaron funcionarios públicos, nodos/agentes privados y redes criminales de varios países, como la guerrilla de las FARC en Colombia.

Gracias al acceso directo a las más altas instancias de decisión del Estado peruano a través de la red criminal "Montesinos-FARC" se gestionaron recursos de manera más eficiente de lo que habría logrado una red criminal sin acceso a la información de inteligencia del Estado o sin la posibilidad de usar la "fachada" de la institucionalidad pública. Esta eficiencia posiblemente habría disminuido si la red "Montesinos-FARC" hubiera sido altamente descentralizada, como la macro-red "Los Zetas", pues sus decisiones y actividades habrían estado sujetas a un elevado grado de autonomía y discrecionalidad de varios nodos/agentes actuando en diversas sub-redes. En estos casos, la falta de coordinación interna seguramente habría favorecido el surgimiento de contradicciones y conflictos que disminuirían la eficiencia de la red.

Ahora bien, la elevada eficiencia y agilidad no es siempre el mejor escenario para una red criminal, pues el desarrollo de objetivos criminales, como sucedió en la red "Montesinos-FARC", suele estar acompañada de una elevada exposición nacional e internacional ante medios de comunicación e incluso agencias de seguridad de varios países. Cuando en una red criminal participan funcionarios públicos de tan alto perfil, como el presidente de la República o el jefe de la agencia de inteligencia del Estado, la estructura queda expuesta y genera efectos negativos para su operación. Por ejemplo, en esta red las agencias de inteligencia de Colombia y de Estados Unidos fueron determinantes para que en Perú finalmente se conociera lo que sucedió.

Así también sucedió, por ejemplo, cuando en Colombia se descubrió que el Cártel de Cali en la década de los noventas aportó dinero para la campaña de un presidente de la República de Colombia; como consecuencia, el gobierno de Estados Unidos retiró la visa al presidente Ernesto Samper y le exigió capturar y extraditar a los jefes del cártel. Algo similar sucedió cuando el ex presidente de Guatemala, Alfonso Portillo, fue solicitado en extradición por una corte en Estados Unidos tras ser condenado por auspiciar o, al menos, participar en una red de lavado masivo de activos.

Así, la cooptación y participación de funcionarios públicos del más alto nivel, que conduce a una alta eficiencia pero simultáneamente a una alta exposición, sumada a la alta concentración de información en torno a esos funcionarios, explican el éxito conseguido en un plazo relativamente corto por la red "Portillo-Llort" en Guatemala[119] y por la red "Montesinos-FARC" en Perú. Sin embargo, estas mismas características también explican su reducida resiliencia.

De manera similar, la red de Pablo Escobar y el Cártel de Medellín, aunque no cooptó sino que principalmente confrontó al Estado y atentó contra funcionarios públicos del más alto nivel, logró innegable éxito criminal con un elevado nivel de exposición en medios de comunicación, nacionales e internacionales, gracias a acciones violentas de alto impacto. Esto quiere decir que una red también podría, en principio, conseguir exitosos resultados criminales mediante el ejercicio de violencia extrema, aunque esta disminuiría ostensiblemente las probabilidades de éxito criminal en el mediano y largo plazo.[120]

De esta manera, pareciera configurarse una especie de intercambio (*trade-off*) entre (i) la articulación y cooptación de funcionarios públicos de alto nivel y actores poderosos del sector privado, ambos con acceso privilegiado a recursos estratégicos de diversa índole como información, pertenencia a redes de poder y acceso institucional, y (ii) la ejecución de violencia.

En conclusión, la red "Montesinos-FARC" tuvo éxito porque ejecutó al menos una operación de tráfico internacional de armas y de narcotráfico, mediante cooptación y corrupción de gran escala en sobornos a nodos/agentes poderosos en los sectores público y privado del Perú, aprovechando las capacidades institucionales que proveía la posición estratégica de altos funcionarios del Estado peruano.

Por otra parte, la macro-red de "Los Zetas" ha tenido éxito porque ha innovado en procedimientos para traficar no sólo drogas ilícitas sino también hidrocarburos e incluso personas hacia los Estados Unidos, con una estructura descentralizada en la que participan agentes criminales, funcionarios públicos en ambos países (relacionados con las aduanas, por ejemplo) y agentes privados, por medio del soborno, la captura o cooptación institucional y aún el mismo uso de la violencia. Aquello logrado por la red "Montesinos-FARC", en virtud de los acuerdos establecidos junto a Fujimori, es el tipo de *éxito* característico de una red criminal con estructura relativamente piramidal, altamente centralizada y sin mayor perdurabilidad, mientras lo logrado por la macro-red "Los Zetas", es el tipo de *éxito* distintivo de una red criminal con estructura horizontal, descentralizada, resiliente y con mayor perdurabilidad relativa.

Operar en el corto o en el largo plazo

La perdurabilidad de cada tipo de éxito criminal es consecuente con la permanencia, ampliación y fortalecimiento de la misma red criminal. Por ejemplo, la macro-red de "Los Zetas" se caracteriza por una mayor perdurabilidad y estabilidad operativa que ha conducido a su participación descentralizada en varios países y en varias actividades, algunas ilegales y otras con apariencia de legalidad. Otras redes con estructuras descentralizadas similares a "Los Zetas" han también establecido en México esquemas criminales perdurables que influyen en las dinámicas sociales, políticas y económicas donde operan; ejemplos de estos esquemas son el Cartel de Sinaloa o "La Familia Michoacana" o "Caballeros Templarios". En estos casos la descentralización operativa, la constante conformación de sub-redes y la diversidad en tipos de nodos/agentes e interacciones han conducido a establecer vínculos relativamente estables con funcionarios públicos como alcaldes municipales, agentes de la policía y jueces, entre otros que, aunque no tienen perfil tan alto en la administración pública a nivel nacional, sí proporcionan valiosos recursos políticos y sociales escasos, privilegiados y suficientes para que la red criminal pueda ser perdurable.

La macro-red "Los Zetas", al ser descentralizada y resiliente, ha consolidado su participación en diversas actividades lucrativas a través de varios países. Por ejemplo, como se discutió en la tercera parte de este libro, el negocio del tráfico de hidrocarburos, ejecutado a través de la frontera entre México y Estados Unidos, ha mostrado ser altamente rentable y estable porque, al menos en el futuro cercano, no se prevén mecanismos de seguridad o vigilancia que le garanticen a Pemex o a las agencias de seguridad mexicanas, desarticular el esquema de robo, tráfico y venta de este producto en Estados Unidos. La extensión de las líneas de transporte de hidrocarburos obstaculiza la vigilancia y el control por parte de las autoridades, y esto facilita el robo y su tráfico ilegal por parte de organizaciones criminales. En general, el denso flujo de información a través de la macro-red, que desconcentra y amplía las acciones de varios agentes decisores, posiblemente aumenta la capacidad de innovación en el mediano y largo plazo, con la diversificación de mercados ilegales y otros aparentemente legales, por ejemplo, además de que promueve la reproducción de liderazgos en la red.

En conclusión, redes descentralizadas, caracterizadas por una estructura más horizontal que piramidal, parecen más eficientes para identificar y aprovechar las condiciones de su entorno político, económico, social e institucional, con miras a establecer esquemas de acción, colaboración y cooptación relativamente más permanentes y perdurables. La mayor descentralización, que implica más sub-redes y alta variedad de tipos de nodos/agentes e interacciones, implica también más canales de comunicación, mecanismos de transmisión de recursos, flujo de información y capital social. Todas estas condiciones facilitan la innovación constante con miras a establecer esquemas criminales más resilientes que aquellos logrados en virtud de las decisiones y acciones ejecutadas por un único "líder", por ejemplo.[121]

Por lo anterior, es de esperar que la macro-red "Los Zetas" continúe existiendo y operando de manera relativamente resiliente, al menos en un futuro previsible, a pesar de las constantes capturas de algunos sus líderes. En este sentido, no se esperaría su desarticulación total como lo acontecido con otras redes que han colapsado tras la captura o muerte de su "capo" o "líder". La continuidad del Cártel de Sinaloa después de la captura de "El Chapo" Guzmán es un buen ejemplo de la resiliencia de macro-redes relativamente horizontales y con sub-redes especializadas, cuyas estructuras no dependen de un solo capo o "líder".

El trade-off entre poder político y económico, y poder violento

En principio, en el modelo de la red "Montesinos-FARC" no se registraron acciones de violencia masiva y de alto impacto como las usualmente ejecutadas por miembros de la macro-red de "Los Zetas"; de hecho, actualmente son comunes los homicidios y las torturas en varias regiones de México y Centroamérica donde operan "Los Zetas". Aunque en el marco de operación de la red "Montesinos-FARC" sucedieron acciones violentas en términos de desapariciones forzadas y asesinatos selectivos,[122] éstas no alcanzaron un nivel de exposición pública tan alto como el alcanzado por las acciones de "Los Zetas".

De hecho, puede pensarse que como resultado del alcance institucional, político y social, y del flujo de información privilegiada, la red "Montesinos-FARC" no tuvo la necesidad de ejecutar acciones altamente violentas. La participación de funcionarios públicos ubicados en altos cargos puede ser tan eficiente como para disminuir la necesidad de recurrir a amenazas y violencia que garanticen la disponibilidad de información privilegiada y el cumplimiento de las órdenes de altos rangos de la institucionalidad que actúan como "líderes" de la red criminal.

A medida que las redes criminales incorporan nodos/agentes *grises u opacos* poderosos con acceso a recursos privilegiados provenientes de sectores legales de la sociedad – como funcionarios públicos, líderes políticos, empresarios o banqueros, entre otros–, el desafiante ejercicio de violencia puede ser contraproducente porque expone a la red, en conjunto, a un escrutinio público innecesario. En este sentido, como es de esperar que una macro-red compleja como "Los Zetas" progresivamente consolide vínculos políticos, institucionales y financieros, con el tiempo tenderá también a atenuar paulatinamente el papel predominante de su estructura especializada en el uso de la violencia, disminuyendo así su exposición mediática y penal, entre otros efectos.

Como se ha señalado, la naturaleza descentralizada de "Los Zetas" hace que la red opere en diversos mercados y en distintas regiones simultáneamente, trascendiendo municipios, estados/departamentos e incluso estados/naciones. Como resultado de tan amplio rango operativo, la posible transición hacia formas menos violentas de crimen no es necesariamente uniforme, pues ésta dependerá del nivel de predominio de los mercados en los que opera y de la consolidación política, social, económica y, en últimas, institucional que alcance la red criminal en cada región o espacio de intervención. Por este motivo, puede esperarse que en algunas regiones de México "Los Zetas" disminuyan sus acciones violentas y se concentren preferencialmente en establecer y consolidar acuerdos institucionales, políticos y económicos, cada vez más permanentes, mientras que en otras regiones en las que aún deben consolidar su poder frente a otras redes, frente a las autoridades e incluso ante la sociedad, es posible que continúe y hasta aumente su estrategia de intensa violencia.

Esta consecuente disminución relativa de la violencia extrema muy seguramente será interpretada por agencias de seguridad como un debilitamiento de la red, pues es común que se interprete la violencia como el único signo de acción y poder criminal. De hecho, esta interpretación equivocada puede llevar a que las autoridades de seguridad supongan que la red criminal ha desaparecido, cuando en realidad dicha red podría haber alcanzado un alto nivel de cooptación e incorporación a la institucionalidad de un Estado, con graves impactos negativos en la vigencia de un Estado de Derecho, hasta el punto extremo –hipotético– en que la red se fusiona o incorpora en el mismo Estado.[123]

Teniendo en cuenta el *trade-off* entre captura y cooptación institucional, pública y privada, por un lado, y ejercicio de la violencia, por otro, para realizar objetivos de alta criminalidad en una perspectiva relativamente perdurable, se configuran tres tipos de estrategia criminal según la clase de estructura predominante en una red: (i) política, institucional, en términos económicos o financieros, o (ii) estrictamente coercitiva.

Estrategia criminal 1: Fortalecer estructuras violentas y mecanismos de corrupción tradicional

Cuando una red criminal necesita consolidar su liderazgo frente a otras redes criminales es de esperar que fortalezca sus estructuras violentas y coercitivas con miras a garantizar control delictivo y social en el territorio, pues la violencia, por lo general, tiende a ser uno de los principales mecanismos de interacción y regulación territorial entre redes criminales. Esta estrategia sería preponderante, por lo tanto, cuando una red criminal busca (i) operar en el corto plazo, (ii) consolidar su poder frente a otras redes o (iii) aprovechar o enfrentar externalidades que generan cambios en su entorno.

Por ejemplo, cuando en México llegó el Partido Acción Nacional (PAN) al poder, con la presidencia de Vicente Fox en el año 2000, se produjo una externalidad, es decir, un cambio de entorno que alteró el funcionamiento de las estructuras criminales predominantes en el país, lo cual seguramente afectó acuerdos entre funcionarios públicos, líderes políticos y criminales en el nivel local, a su vez modificando los equilibrios de poder que habrían podido establecer las redes criminales durante las siete décadas en las que un único partido se mantuvo en el poder a nivel nacional y en muchas regiones. Ello seguramente pudo conducir a un proceso de reordenación del escenario criminal, en el que redes criminales consolidadas tuvieron que defender su poder alcanzado, mientras otras intentaron incursionar a nuevos territorios y actividades.

Un segundo cambio de entorno sucedió con la declaración de *la guerra contra el narco* durante la presidencia de Felipe Calderón, que posiblemente afectó aún más el entorno de funcionamiento de las estructuras criminales y condujo a un recrudecimiento de la confrontación violenta como mecanismo para defender o conquistar territorial poder criminal.

Como resultado, estos dos cambios de entorno llevaron a que las redes criminales en México adoptaran la estrategia de fortalecer sus estructuras coercitivas, complementadas con soborno y otras prácticas comunes de corrupción que no le garantizaban por sí solas la perdurabilidad. Como se ha señalado, esta primera estrategia puede ser útil para conseguir propósitos criminales en el corto plazo, pero es insuficiente para garantizar éxito criminal en el largo plazo.

Estrategia criminal 2: Fortalecer estructuras políticas, institucionales y financieras de alto nivel, como condición para transitar hacia la Reconfiguración Cooptada del Estado (RCdE).

Cuando una red criminal ha consolidado su liderazgo frente a otras redes criminales, y por lo tanto ha asegurado poder *de facto* en el territorio, entonces puede intentar capturar, cooptar y manipular estructuras institucionales que le garanticen perdurabilidad. En esta medida, dado que el acceso de información privilegiada aumenta, y como ya se ha consolidado poder social en el territorio, las redes criminales, especialmente aquellas *macro*, pueden disminuir la preponderancia de sus estructuras violentas para dar relevancia a estructuras económicas, políticas y sociales articuladas con la institucionalidad pública y privada.

Estrategia criminal 3: Mantener simultáneamente estructuras financieras y económicas, institucionales, políticas y violentas.

Específicamente, el ejercicio desmedido de la violencia es útil para conseguir objetivos de corto plazo, principalmente por vía del temor, pero resulta insuficiente para consolidar proyectos criminales de largo plazo, excepto cuando se alcanzan niveles de totalitarismo. Por este motivo, una red criminal que intente operar en el largo plazo requiere establecer interacciones relativamente permanentes en las que los nodos/agentes participantes resulten beneficiados mientras disminuyen sus riesgos de "exposición", de manera que no sólo participen en la red por temor o para obtener una ganancia económica esporádica. En esta medida, redes criminales en evolución operan otorgando similar relevancia tanto a sus estructuras políticas, institucionales y económicas, como a sus estructuras coercitivas.

Para cualquier red criminal es imposible, en términos prácticos, existir y operar de manera aislada de otras redes criminales y sobre todo de las estructuras legales del Estado, del sector privado y la sociedad en general. Por este motivo, cuando la red criminal pretende consolidar objetivos de largo plazo, debe contar con una apariencia de legalidad y acceso a instancias del Estado y del sector privado, disminuyendo sus niveles de "exposición" penal y social. Si la red no disminuye la ejecución de acciones violentas de alto impacto, entonces queda expuesta al escrutinio público a pesar de la consolidación política, institucional o financiera que haya conseguido en su ámbito local o hasta incluso nacional.

Un ejemplo ilustrativo sucedió en Colombia durante la última década del siglo pasado y la primera década de este siglo, cuando la red macro-criminal conocida como "Las Autodefensas Unidas de Colombia" avanzó de manera exitosa en fortalecer sus estructuras política, institucional y económica, al punto de contar con el apoyo masivo de congresistas, gobernadores, alcaldes y poderosos empresarios. Sin embargo, a pesar de su relativo poder económico y político, la red criminal continuó ejecutando violencia de alto impacto, con formas de macro-victimización masiva mediante delitos sexuales, desapariciones forzadas, desplazamientos masivos, homicidios y masacres, principalmente en el contexto rural. La ejecución de dichas acciones violentas fueron una constante detonante para que organizaciones internacionales, agencias multilaterales y altas instancias del Estado colombiano como la Corte Suprema de Justicia, adoptaran la tarea de informar y alertar, en los dos primeros casos, y de investigar y sancionar, en el último caso, el apoyo proporcionado por funcionarios púbicos y privados a esta red macro-criminal.[124]

En este sentido, muy posiblemente si las Autodefensas Unidas de Colombia hubiesen disminuido drásticamente la ejecución de violencia –lo cual era muy difícil que sucediera porque ello contradecía el origen estrictamente militar de su accionar–, habrían avanzado de manera más perdurable en la consolidación de estructuras económica, institucional y política, originadas gracias a prácticas social y moralmente ilegítimas e ilícitas.

Fragmentación de macro-redes: Perturbaciones de bajo y alto impacto

Las perturbaciones causadas en la red por acciones de las agencias de seguridad o por otros cambios en el entorno pueden ser de alto o de bajo impacto, según los cambios que generen en la estructura de la misma. Un efecto de bajo impacto sucede cuando, por ejemplo, es aislado o removido de la red un nodo/agente con bajos indicadores de centralidad directa y de intervención (*betweenness*) en los flujos de recursos de la red. Dichos efectos de bajo impacto son aún menos relevantes en el caso de macro-redes, pues la alta cantidad de nodos/agentes e interacciones y, sobre todo, de sub-redes, será suficiente para que los recursos de la red fluyan a pesar de la interrupción de algunas contadas rutas de recursos.

Ahora bien, perturbaciones de alto impacto suceden cuando el nodo/agente removido o aislado de la red tiene un muy elevado indicador de centralidad directa y de intervención, por lo que su remoción conduce a cambios drásticos en la estructura. En el caso de redes criminales poco resilientes y con pocos nodos/agentes e interacciones, este tipo de cambio podría ser suficiente para causar a su desarticulación.

A diferencia, en el caso de macro-redes criminales conformadas por varias sub-redes con elevada resiliencia, una perturbación de alto impacto mediante la remoción o aislamiento de un nodo/agente relevante conducirá a reestructuraciones parciales, incluso fragmentaciones, pero no necesariamente a desarticulaciones integrales, como lo han demostrado las tan publicitadas capturas de "El Chapo" Guzmán o "La Tuta" en su calidad de capos de las macro-redes de Sinaloa o "Los Caballeros Templarios".

Entrada al mercado de capacidades institucionales para garantizar perdurabilidad

En general, tanto en la red "Montesinos-FARC", como en la sub-red de tráfico de hidrocarburos establecida por "Los Zetas", el ejercicio de la violencia no es el más importante ni el único procedimiento de interacción y persuasión usado para lograr el favor y la colaboración de funcionarios públicos y empresarios, sobre todo, frente a un escenario en el que "Los Zetas", al menos en el negocio de los hidrocarburos, transitan hacia esquemas más estables, sustentados en acuerdos políticos e institucionales que superan, por una parte, la sola coerción porque "expone" inconvenientemente a la red, y por otra parte, el soborno porque sólo permite establecer acuerdos de corto plazo.

Por ejemplo, la red "Montesinos-FARC" se articuló, en alguna medida, mediante el pago de sobornos que permitieron el flujo relativamente estable de recursos desde sectores legales de la sociedad, como decisiones favorables desde las ramas legislativa y judicial, así como el favorecimiento por parte de medios de comunicación. Sin embargo, ninguno de estos acuerdos se mantuvo luego de que se suspendieron los sobornos o que Fujimori abandonara el país. Es decir, aunque un soborno puede ser útil para "comprar" una conducta de manera puntual, resulta insuficiente para lograr lealtad y una genuina coordinación perdurable de intereses.

Por el contrario, en el caso de la red de "Los Zetas" se observa la colaboración cada vez más permanente de líderes políticos, funcionarios públicos y empresarios, quienes han encontrado un esquema de cooperación con ganancias sostenidas, más allá de las estrictamente esporádicas reportadas mediante el soborno. Es decir, hay nodos/agentes públicos y privados que entran a un mercado de capacidades institucionales que son ofrecidas a la criminalidad, a cambio de obtener beneficios.

Teniendo en cuenta lo anterior, se ha denominado *mercado de funciones institucionales*[125] a aquellos escenarios en los que nodos/agentes dentro y fuera del Estado coordinan sus intereses para ofrecer y demandar capacidades institucionales; es decir, para proveer y demandar recursos a los que sólo se puede acceder en virtud de otorgar una capacidad institucional y obtener otra, legal o ilegal. Así, por ejemplo, un alcalde cuenta con información privilegiada gracias a su cargo, pero carece de la capacidad para ejercer violencia sistemática para garantizar éxito electoral, mientras que una red criminal cuenta con la capacidad para ejercer dicha violencia, pero carece del acceso a información privilegiada para obtener beneficios con que cuenta el alcalde. Como resultado, ambos nodos/agentes, el alcalde y los miembros de la red, entran al *mercado de capacidades institucionales* para ofrecer sus capacidades y demandar otras. Como otros mercados, la coordinación de intereses alcanza condiciones sostenibles cuando los nodos/agentes transan capacidades institucionales por libre voluntad y no como resultado de un soborno, una extorsión o una amenaza.

En este sentido, la "libre" voluntad de participación y la coordinación de intereses lograda entre agentes criminales y funcionarios de Pemex, funcionarios de cargos de elección popular y líderes políticos en México, para la consolidación de la macro-red de "Los Zetas", puede explicar el éxito y la relativa sostenibilidad de un esquema que ya desde comienzos del siglo se ha observado como exitoso en varios contextos políticos y administrativos, como el de Rusia, donde la colaboración entre "*oficiales militares corruptos y rebeldes*"[126] permitió establecer un esquema ilícito y lucrativo en torno al transporte de crudo a través de territorio Checheno.

Operación transnacional: Hemisferio Occidental, África y Europa del Este

Un elevado nivel de descentralización y de diversidad en tipos de nodos/ agentes le permite a una red aumentar su rango de acción a través de fronteras transnacionales, mediante la integración con sub-redes que ya operan en los nuevos territorios, o mediante procesos de expansión transnacional con los propios miembros de la red criminal, como lo ilustra el caso de la macro-red de "Los Zetas" que ha ampliado su rango de acción a través de varios países de Norte, Centro y Suramérica. En Estados Unidos "Los Zetas" han distribuido sus productos traficados ilícitamente con la participación de sus miembros originales mexicanos e integrando pandillas que operan en el sur de California, mientras en Argentina han traficado con mujeres para explotación sexual[127] y se han integrado a bandas locales lideradas por ex agentes de inteligencia.[128]

En cualquier caso, bien sea expandiendo el rango de acción mediante los propios nodos/agentes de la red o integrando otras redes criminales, la participación de funcionarios públicos y agentes privados sobornados, capturados y cooptados es una constante. Incluso en Estados Unidos, caracterizado por instituciones sólidas, se ha registrado colaboración por parte de agentes de aduana que han sido reclutados y cooptados para apoyar la operación de redes criminales a través de la frontera con México.[129]

Ahora bien, los procesos de integración y expansión criminal transnacional, y de participación masiva de funcionarios públicos y agentes privados, no se restringen a la frontera entre México y Estados Unidos, ni al Hemisferio Occidental. Por ejemplo, durante los últimos años abundan los reportes de medios de comunicación y agencias multilaterales acerca de la presencia de redes criminales colombianas y mexicanas en África Occidental. Fronteras porosas e instituciones débiles y aptas para la corrupción y cooptación han hecho de Gambia, Guinea Bissau y Senegal, entre otros países de la región, lugares aptos para el tránsito de narcóticos a cargo de redes criminales de Colombia y

México, al punto de que Guinea Bissau es actualmente definido como el "primer Narco-Estado"[130], un "país de Cocaína"[131] a través del cual se abastece casi un cuarto de la demanda total de drogas ilícitas de Europa Occidental.

De hecho, un país como Senegal, con mejor calidad institucional que Guinea Bissau, por ejemplo, y aún sin ser denominado "narco-Estado", también se ha convertido en un centro de tránsito de narcóticos traficados por redes criminales de México y Colombia a través de las costas orientales de Suramérica, específicamente de Venezuela y Brasil, lo cual ha conducido a la conformación de estructuras criminales con nodos/agentes locales de Dakar.[132] Es tan intenso el flujo actual de narcotráfico entre Suramérica y África Occidental, que el décimo paralelo norte del Ecuador es popularmente conocido por agentes antinarcóticos de varios países como "Autopista 10"[133] o "la autopista de los narcos".[134] El narcotráfico, que ha catalizado actividades y redes criminales en varios países del Hemisferio Occidental, también facilita la expansión de redes a otros continentes, al punto de lograrse la cooptación e integración de diversas estructuras criminales en África Occidental.

A pesar de que los medios de comunicación alertan constantemente acerca de la participación masiva de funcionarios públicos en las estructuras criminales que operan en y a través de Senegal, Gambia y Guinea Bissau, en la práctica no se registran investigaciones y sanciones a oficiales y funcionarios públicos involucrados. Por lo tanto, en estos países parecen reproducirse intensos procesos de Captura del Estado, corrupción masiva y Reconfiguración Cooptada del Estado, al punto que Guinea Bissau es actualmente un claro ejemplo de un Estado sujeto a una avanzada reconfiguración institucional que beneficia incluso a redes criminales colombianas y mexicanas. Se tiene noticia, por ejemplo, de casos en los que miembros del Cartel de Sinaloa son encarcelados por narcotráfico en Guinea Bissau y rápidamente liberados por vencimientos de términos o por causas formales.[135]

Adicionalmente, incluso en regiones con contextos institucionales y sociales diferentes a los de América Latina o África Occidental, es también común registrar procesos de corrupción y cooptación masiva de funcionarios públicos que no son investigados ni sancionados. Así se comprobó, entre 2012 y 2013, luego de analizar expedientes judiciales acerca de cuatro redes criminales sancionadas en cortes búlgaras: una consistente de tráfico de personas para explotación sexual en Europa Occidental, dos de narcotráfico y una de fraude con tarjetas de crédito.

Bulgaria es un país postsocialista y fronterizo de la Unión Europea, ubicado en la península de los Balcanes, entre Europa, Asia y África, y con frontera con Turquía, Grecia, Macedonia, Serbia y Rumania. Esta ubicación, como es de suponer, lo hace llamativo para la operación de complejas redes de crimen transnacional que intentan traficar bienes, servicios criminales y personas hacia los países ricos de la Unión Europea. Por este motivo, a pesar de los esfuerzos hechos por el Gobierno búlgaro para entrar al espacio común europeo (*Schengen*), varios países miembros de la Unión han solicitado evaluaciones y reformas institucionales para mejorar la calidad de seguridad y disminuir la corrupción del país.

Buena parte de la corrupción y la criminalidad compleja que enfrenta Bulgaria es herencia de la transición del comunismo a la democracia y a la economía de mercado, que comenzó en 1989, caracterizada por la privatización desregulada de las empresas del Estado. Esto abrió la posibilidad para que grupos de interés, poderosos y excluyentes, e incluso criminales, se fortalecieran y legitimaran mediante el aprovechamiento de su poder en el aparato del Estado comunista a fin de participar de manera privilegiada y, frecuentemente con prácticas mafiosas, en la apropiación y usurpación de empresas tradicionalmente estatales, para su propio provecho particular. Como resultado, aún hoy Bulgaria registra indicadores pobres de desempeño económico y cuenta con el PIB *per cápita* más bajo de la Unión Europea.[136] Adicionalmente, 19,5% de los hogares búlgaros viven debajo de la línea de pobreza y cada vez más jóvenes trabajadores se definen como "trabajadores pobres". Todas estas condiciones han servido para consolidar redes criminales que aprovechan la debilidad institucional para operar en la Unión Europea con bienes, servicios y personas traficadas ilegalmente desde Asia y África.

Por lo anterior, es fácil entender por qué tras analizar las características de los nodos/agentes que conformaban cuatro redes criminales búlgaras, no se registró acusación o investigación alguna contra oficiales, especialmente contra aquellos oficiales de frontera que debieron haber facilitado el movimiento de drogas o personas. Bulgaria, como muchos otros países africanos y latinoamericanos, se caracteriza por la presencia de redes criminales cuyos miembros cooptan y son cooptados por funcionarios públicos y agentes privados en un contexto de crimen complejo y sistémico.

De hecho, con respecto una de las redes criminales que traficó heroína a través de las fronteras terrestres de Bulgaria, *"en los documentos de la Corte se confirmaba que la red fue apoyada por oficiales de aduana en el punto de seguridad Kapitan Andreevo. Sin embargo, en la investigación no se identificaron a los oficiales y no se levantaron cargos"*.[137] En últimas, sólo se identificó la participación de 9 nodos/agentes narcotraficantes de bajo nivel operativo, específicamente *mulas* procedentes de Bulgaria y Turquía, generándose así la idea de que una red tan simple puede ejecutar complejas operaciones a través de fronteras, incluso en fronteras de la Unión Europea.

Por otra parte, en la red de tráfico de personas para explotación sexual que operó entre 2001 y 2006, se identificaron 32 nodos/agentes entre los cuales tampoco se registraron funcionarios públicos que facilitaron el movimiento de personas a través de la fronteras. De hecho, de todos los individuos identificados en la red, 19 fueron víctimas y los 13 restantes eran los traficantes, entre guardaespaldas y dueños de burdeles. Así, aunque Bulgaria se encuentra aún en proceso de mejorar la vigilancia de sus fronteras para formar parte del Espacio Común Europeo, la falta de investigación de los nodos/agentes públicos y privados que operan en instituciones legales, es tan común como en África Occidental o en países de América Latina.

En general, las posibilidades de confrontar de manera acertada las redes criminales que operan a través de la frontera sureste de la Unión Europea, no parecen radicalmente diferentes que en las fronteras de países latinoamericanos y africanos, de manera que en estos continentes se leen siempre palabras similares: "*Las cuatro redes de crimen transnacional muestran que aun cuando funcionarios públicos corruptos han apoyado las redes criminales, no son identificados como parte de la red*".[138]

A manera de conclusión, es posible argumentar que la colaboración masiva de funcionarios públicos y nodos/agentes del sector privado, así como la falta de investigaciones judiciales y sanciones penales, ha llevado a que se consoliden complejas macro-redes que integran globalmente vastas actividades ilegales e incluso otras con apariencia de legalidad. Usualmente estas macro-redes desbordan las capacidades de investigación, juzgamiento y sanción de las instituciones domésticas de cada país donde la red opera: "carteles" colombianos y mexicanos que actualmente operan en Argentina, "carteles" mexicanos que participan en explotación criminal y tráfico de coltán en Colombia para venderlo a traficantes en China,[139] "pandillas" que desde Sudáfrica trafican y distribuyen drogas ilícitas en Cape Town y Johannesburgo, "hombres de negocios" que desde Johannesburgo trafican ilegalmente cuerno de rinoceronte hacia Vietnam y Hong-Kong, "negociantes informales" que en Dakar facilitan el tráfico de heroína y cocaína hacia Europa Occidental, son sólo algunos ejemplos de redes criminales cuya complejidad es aún desconocida en términos de sus estructuras, sub-redes y resiliencia.

Mientras este desconocimiento continúe, es casi imposible, en términos prácticos, iniciar acciones acertadas para enfrentar la corrupción sistémica de gran escala, el crimen complejo y el delito endémico que se registra en diversas sociedades.

Capítulo 12

Una nueva forma de entender y enfrentar el crimen

Por: Eduardo Salcedo-Albarán y Luis Jorge Garay-Salamanca

Los dos casos analizados y expuestos en este libro, con sus respectivos daños a las instituciones democráticas y sobre la vida e integridad de ciudadanos, son sistemas criminales cuya comprensión desborda la visión y conceptos tradicionales acerca de qué es y cómo se debe enfrentar el crimen. Estos son apenas ejemplos de una gran variedad de sub-redes, redes y macro-redes criminales que operan actualmente en el Hemisferio Occidental, que afectan gravemente a las instituciones democráticas, atentan contra la vida de miles de ciudadanos y lamentablemente, son aún incomprendidas a pesar de su popularidad en medios de comunicación y su atención por parte de agencias de seguridad. Muchos fenómenos criminales reproducidos durante las últimas décadas no sólo en el Hemisferio Occidental sino también en África Occidental y Europa Oriental, consisten en la acción de complejas redes de crimen transnacional que, infortunadamente, se definen de manera simplificada con categorías como "carteles", "bandas criminales" o "grupos de vándalos aislados".

A la sombra de los 43

Hasta tanto los Estados, autoridades competentes y sectores decisores de la sociedad no reconozcan la dimensión de las redes criminales que operan a través de sus fronteras, no habrá la voluntad política y social necesaria para tomar decisiones certeras para el juzgamiento y sanción del crimen sistémico.

De no avanzarse en esa dirección no podrá evitarse la repetición de crímenes masivos de lesa humanidad acontecidos en forma de desapariciones forzadas y masacres, como la sucedida el 26 de septiembre de 2014 en Iguala, Estado de Guerrero, México, cuando 43 estudiantes de la Escuela Normal Rural de Ayotzinapa fueron raptados por miembros de la policía municipal y sicarios de la red criminal conocida como "Guerreros Unidos".

Tras este suceso, y principalmente como resultado de la presión ejercida por la comunidad internacional, la Procuraduría General de la República de México se concentró en capturar al Alcalde del municipio, quien presuntamente ordenó las acciones violentas cometidas contra los estudiantes. No obstante, a la fecha de finalización de este libro, ninguna agencia de seguridad en México había encontrado los cuerpos con o sin vida de los estudiantes desaparecidos, de manera que sería muy difícil aclarar si están vivos o muertos.

Como resultado de suponer equivocadamente que la desaparición de los 43 estudiantes fue una acción aislada y esporádica cometida por unos pocos criminales, narcotraficantes y sicarios, y como resultado de no contar con jurisprudencia suficiente para juzgar y sancionar a los facilitadores y autores mediatos –"*a la sombra*"– de estos delitos, aquella red aún no identificada por las autoridades, que sustentó masacres y desapariciones masivas en el Estado de Guerrero, México, continuará existiendo sin perturbación alguna.

Es de suponer que la red criminal que condujo a la desaparición forzada de 43 estudiantes con el apoyo de miembros de la policía municipal, no está conformada únicamente por sicarios, narcotraficantes y el alcalde del municipio; por el contrario, muy seguramente en ella convergen agentes privados y públicos que continuarían aprovechando el desorden institucional y político del Estado de Guerrero y, en buena medida, del Estado Mexicano en conjunto.

En términos prácticos, esto quiere decir que no basta capturar e incluso sancionar al alcalde como autor intelectual de la desaparición de los 43 estudiantes, sino que es aún necesario identificar a aquellos agentes poderosos que actuando entre la legalidad y la ilegalidad han proporcionado recursos para que esta red criminal, así como otras existentes, operen como aún hoy lo hacen. Sólo cuando se reconozca la magnitud de la participación masiva de nodo/agentes que desde la legalidad apoyan el crimen, se tomarán decisiones y medidas para mejorar la calidad de vida de sociedades que hoy están estancadas en su desarrollo económico, político y cultural, por cuenta de quienes pretenden imponer la trampa, el crimen y la violencia en el juego social.

Son las redes, no los individuos

Hablar de *cártel* remite a la idea errada de que dichas redes criminales son confederaciones que se dedican exclusivamente al narcotráfico, cuando en realidad, como aquí se ha mostrado, redes macro-criminales como "Los Zetas" participan en múltiples actividades lucrativas distintas al narcotráfico, e incluso en actividades con visos de legalidad. Por otra parte, hablar de pandillas urbanas supone erradamente que las acciones de dichas redes consisten principalmente en delitos aislados ejecutados por jóvenes. De igual manera, hablar de bandas o de "vándalos" parece implicar que no hay sistemas criminales, sino delitos esporádicos, más fáciles de confrontar. La errada adopción de estos conceptos fortalece la falsa ilusión de que las agencias de seguridad dominan la confrontación al crimen.

Incluso aquellas redes actualmente conocidas en México como "nuevos" carteles o "micro" carteles,[140] en realidad son redes que interactúan estrechamente con la política, la economía y la administración pública local y regional y que, por lo tanto, se nutren del desorden institucional perpetuado por prácticas sociales y culturales perversas. Pero esta realidad pretende omitirse de manera constante: si frecuentemente en América Latina, por ejemplo, la investigación de un delito común que involucra una víctima y un victimario tarda años en esclarecerse, ¿qué puede esperarse de aquellos casos complejos que involucran cientos de víctimas y victimarios, que muchas veces se tratan de crímenes masivos de lesa humanidad, como masacres y desapariciones?

La inapropiada conceptualización y la frecuente falta de interés para entender y enfrentar situaciones criminales complejas se agrava porque los códigos penales y la jurisprudencia usualmente no contemplan situaciones de macro-criminalidad en las que funcionarios públicos y agentes privados privilegiados conforman redes criminales. Por este motivo, para ampliar el rango de comprensión de la criminalidad compleja, es indispensable:

1. *Reconocer política y socialmente que existen redes y macro-redes criminales que usualmente operan desde el interior de importantes instituciones públicas y privadas de varios Estados.* Esta condición parece trivial pero su cumplimiento requiere que sectores relevantes en el juego social, como partidos políticos, agremiaciones, empresas, bancos y entidades públicas, reconozcan e interpongan esfuerzos para combatir institucionalmente la infiltración, cooptación y corrupción sistémica que ha facilitado la reproducción de complejas estructuras criminales.

Mientras este reconocimiento no se dé, las estrategias de seguridad seguirán orientadas a investigar, juzgar y sancionar únicamente a los nodos/agentes estrictamente criminales, *oscuros*, e inmediatos que sólo representan una fracción de las redes y las macro-redes criminales. Esta fracción, de hecho, es usualmente de poca relevancia para la existencia de las redes criminales porque dichos sectores *oscuros* no proveen los recursos que permiten la "aparente legalización" de ganancias y actividades establecidas y financiadas con la criminalidad.

2. *Avanzar en el entendimiento de la estructura y el funcionamiento de las redes y las macro-redes criminales,* lo cual no consiste exclusivamente en que las agencias de seguridad presenten organigramas de capos y sicarios, sino también, y primordialmente, en identificar las estructuras financieras, políticas y sociales que soportan a las redes criminales. Como hay nodos/agentes clave que sustentan estas estructuras y que usualmente operan desde sectores legales y *grises* de la sociedad, es indispensable reconocer su papel, sus interacciones con los demás nodos criminales y su aporte de recursos de información y vinculación institucional a las redes y macro-redes, para así enfrentar el crimen de manera correcta y eficaz.

Para entender la estructura y el funcionamiento de las redes criminales es necesario adoptar y promover protocolos de análisis de información que permitan a los investigadores judiciales, fiscales, procuradores y jueces, asociar y entender elevadas cantidades de información. Los protocolos propios del Análisis de Redes Sociales, como los que se aplicaron para la elaboración de este libro, son un ejemplo de desarrollo metodológico para lograr tal propósito.[141]

3. *Formular y adoptar un enfoque jurisprudencial comprehensivo para mejorar la investigación y juzgamiento de la criminalidad compleja.* Esto implica contar con una jurisprudencia que permita investigar la estructura y operación de redes y macro-redes criminales y sancionar tanto a los nodos/agentes inmediatos, que son ejecutores directos de delitos, como a los mediatos, que usualmente son agentes *grises* pero determinantes y facilitadores de los sistemas criminales. Esta jurisprudencia, en consecuencia, debe contemplar la participación de funcionarios públicos y agentes privados que actúan desde la legalidad, y que con su participación en la red auspician, por acción u omisión, la comisión de delitos de diversa gravedad desde crímenes masivos, como masacres, desapariciones forzadas y desplazamiento forzado, hasta el

lavado de activos y el apoyo económico al terrorismo, entre otros. Para cumplir este objetivo, se pueden contemplar tipos penales como el *concierto para delinquir agravado*, para investigar y juzgar de manera particularmente drástica a funcionarios públicos que cooptan o son cooptados por redes criminales.

Como se ha discutido a lo largo del libro, es entendible que diseñadores de política pública y agentes de seguridad omitan la existencia de sistemas criminales que, usualmente, desbordan sus capacidades de investigación, juzgamiento y sanción: ningún funcionario público quiere dar la mala noticia de que el crimen de su región ha pasado de ser individual y esporádico, a sistémico y permanente. Es por ello indispensable que otros agentes responsables de entender e informar acerca del crimen, como científicos sociales y reporteros, eviten las aproximaciones ingenuas y simplistas.

En general, si la complejidad del crimen no se enfrenta en laboratorios, universidades y centros de pensamiento, se enfrenta en fiscalías y juzgados, cuando ya son innegables los efectos negativos de los sistemas criminales, en términos de vidas y daños institucionales. Por lo tanto, más allá de la constante y necesaria captura de "Chapos", enfrentar la complejidad de las redes y las macro-redes de crimen transnacional es una tarea que deben iniciar académicos y periodistas, y completar investigadores, fiscales, procuradores de justicia y jueces comprometidos con evitar la consolidación de sistemas criminales que actualmente dan forma a algunos estados locales y nacionales en América Latina, África, Europa del Este y el Sureste Asiático.

BIBLIOGRAFÍA

Arquilla, J., & Ronfeldt, D. (2001). *Networks and Netwars: The Future of Terror, Crime, and Militancy.* Santa Monica: RAND.

Astorga, L. (2005). *El Siglo de las Drogas: El Narcotráfico, del porfiriato al nuevo milenio.* México D.F.: Plaza y Janés.

Ayling, J. (2009). Criminal organizations and resilience. *International Journal of Law, Crime and Justice* (37), 182 - 196.

Bickart, K. C., Wright, C. I., Dautoff, R. J., Dickerson, B. C., & Feldman, L. (2011). Amygdala volume and social network size in humans. *Nature Neuroscience, 14,* 163-164.

Brashears, M. E. (Mar. de 2013). Humans use Compression Heuristics to Improve the Recall of Social Networks. *Scientific Reports, 3.*

Burt, R. S., Christman, K. P., & Kilburn, H. C. (1980). Testing a Structural Theory of Corporate Cooptation: Interorganizational Directorate Ties as a Strategy for Avoiding Market Constraints on Profits. *American Sociological Review, 45*(5), 821-841.

Cacho, L. (2011). *Esclavas del poder.* Mexico: Grijalbo.

Carley, K. M., Lee, J.-S., & Krackhardt, D. (2002). Destabilizing Networks. *Connections, 24*(3), 79-92.

Castells, M. (2009). *The Information Age: Economy, Society and Culture: The Rise of the Network Society* (Second ed., Vol. I). Oxford: Wiley-Blackwell.

Castells, M. (2009). *The Power Of Identity* (Second ed., Vol. II). Oxford: Wiley-Blackwell.

Castells, M. (2010). *The End Of Millnium* (Second ed., Vol. III). Oxford: Wiley-Blackwell.

CNNMexico. (4 de Mar. de 2015). *CNN*. Recuperado el 10 de Mar. de 2015, de México captura a Omar Treviño, 'el Z-42', presunto líder de Los Zetas: http://cnnespanol.cnn.com/2015/03/04/mexico-captura-a-omar-trevino-el-z-42-lider-de-los-zetas/

Coleman, J. S. (1988). Social capital in the Creation of Human Capital. *American Journal of Sociology* (94), S95-121.

Committe to Protect Journalist. (18 de Dic. de 2015). *35 Journalists Killed in Mexico since 1992/Motive Confirmed." Committee to Protect Journalists*. Obtenido de Committe to Protect Journalist: https://cpj.org/killed/americas/mexico/

Degenne, A., & Forsé, M. (1999). *Introducing Social Networks*. London: SAGE Publications.

den Bossche, P. V., & Segers, M. (2013). Transfer of Training: Adding Insight Through Social Network Analysis. *Educational Research Review* (8), 34-47.

Dunbar, R., Kaski, K., & MacCarron, P. (2016). Calling Dunbar's Numbers. *Physics and Society*, 1-7.

Dyer, D. (10 de Sep. de 2015). Tapping away: Fuel theft will affect Pemex into 2016. *El Daily Post*. Obtenido de http://www.eldailypost.

com/energy/2015/09/tapping-away-fuel-theft-will-affect-pemex-into-2016/

EFE Bogotá. (13 de Nov. de 2014). Cartel de Cali dio 10 millones de dólares a campaña de Samper, dice hijo de capo. Recuperado el 25 de 02 de 2015, de *El Nuevo Herald*: http://www.elnuevoherald.com/noticias/mundo/america-latina/colombia-es/article3919660.html

El Tiempo GDA. (3 de Mar. de 2015). Las mafias que acosan Argentina. Recuperado el 3 de Mar. de 2015, de *El Universal*: http://www.eluniversal.com.mx/el-mundo/2015/impreso/las-mafias-que-acosan-a-argentina-89957.html

El Universal. (2010, 10-Dic.). *Estructura Criminal de "La Familia"*. Recuperado 2011c, 10-Jun. de El Universal: http://www.eluniversal.com.mx/graficos/pdf09/familia/index.htm

Eurofund. (2012). *Youth Unemployment in Europe*. Obtenido de www.eurofound.europa.eu.

Eurostat. (2013). *GDP per capita in the Member States Ranged from 45% to 274% of the EU27 average in 2012*. Obtenido de http://epp.eurostat.ec.europa.eu/cache/ITY_PUBLIC/2-19062013-BP/EN/2-19062013-BP-EN.PDF

Felson, M. (2006). *Crime and Nature*. Thousand Oaks: Sage.

Fortnow, L. (2000). Kolmogorov Complexity. *notes of the author taken by Amy Gale in Kaikoura, January 2000*.

Garay, L. J., & Salcedo-Albarán, E. (2012). *Narcotráfico, corrupción y Estados: Cómo las redes ilícitas han reconfigurado las instituciones de Colombia, Guatemala y México*. México City: Random House Mondadori.

Garay, L. J., Salcedo-Albarán, E., & De León-Beltrán, I. (2009). *From State Capture towards the Co-opted State Reconfiguration.* Metodo, Anticorruption and Capture of State Area. Bogotá: Fundación Metodo.

Garay, L. J., Salcedo-Albarán, E., & De León-Beltrán, I. (2010c). Redes de Poder en Casanare y La Costa Atlántica. En C. López (Ed.), *Y Refundaron la Patria. De Cómo Mafiosos y Políticos Refundaron el Estado Colombiano* (págs. 251-302). Bogotá: Random-House Mondadory.

Garay-Salamanca, L. J., & Salcedo-Albaran, E. (2011). Institutional impact of criminal networks in Colombia and Mexico. *Crime, Law and Social Change.*

Garay-Salamanca, L. J., & Salcedo-Albarán, E. (2015). *Drug Trafficking, Corruption and States: How Illicit Networks Shaped Institutions in Colombia, Guatemala and Mexico.* Bloomington: iUniverse.

Gilman, N., Goldhammer, J., & Weber, S. (2011). *Deviant Globalization: Black Market Economy in the 21st Century.* New York: Bloomsbury.

Godoy, E. (13 de Jun. de 2014). *Revista Proceso.* Recuperado el 10 de Nov. de 2014, de Pemex: Victoria Pírrica: http://hemeroteca. proceso.com.mx/?p=374635

Gómez, F. (2007 de Abr. de 2007). Veracrúz: 500 días bajo fuego del narcotráfico. *El Universal,* pág. A12.

Gómez, I. (4 de Mar. de 2012). *The Center for Public Integrity.* Recuperado el 10 de Ene. de 2015, de Colombia's black-market coltan tied to drug traffickers, paramilitaries: http://www.publicintegrity. org/2012/03/04/8284/colombia-s-black-market-coltan-tied-drug-traffickers-paramilitaries

Granovetter. (1973). La fuerza de los vínculos débiles. *American Journal of Sociology*, 1360-1380.

Hale, G. J. (2015). Mexican Energy Reform: A Security Nightmare for Multi-Nationals Operating in Mexico. *Small Wars Journal.*

Harrup, A., & Luhnow, D. (17 de Jun. de 2011). *Bandas criminales expanden el robo de combustible de Pemex.* Recuperado el 3 de Nov. de 2014, de The Wall Street Journal: http://lat.wsj.com/articles/ SB10001424052702303823104576392220037322128?tesla =y&tesla=y&mod=WSJS_inicio_LeftTop&mg=reno64-wsj

Hellman,. J., Jones, G., & Kaufmann, D. (2000). *Seize the Day: State Capture, Corruption and Influence in Transition.* World Bank. Washington, D.C.: World Bank.

Hellman, J., & Kaufmann, D. (Sept. de 2001). La Captura del Estado en las economías de Transación. *Finanzas & Desarollo*, 31-35.

Hellman, J., & Kaufmann, D. (2000). *Intervention, Corruption and Capture: The Nexus Between Enterprises and the State.* European Bank for Reconstruction and Development. European Bank for Reconstruction and Development.

Hugh, E. (2013). *The Shortage of Bulgarians Inside Bulgaria.* Recuperado de http://fistfulofeuros.net/afoe/the-shortage-of-bulgarians-inside-bulgaria/

InSight Crime. (15 de January de 2016). *Freed Drug Lord Slam's Peru's Presidential Front-runner.* Obtenido de InSight Crime: http:// www.insightcrime.org/news-briefs/freed-drug-lord-slams-peru-presidential-frontrunner-fujimori

InsightCrime. (2 de Mar. de 2011). *InsightCrime.org.* Recuperado el 12 de Ene. de 2015, de Sinaloa Cartel Expands Influence

in Colombia: http://www.insightcrime.org/news-analysis/
sinaloa-cartel-expands-influence-in-colombia

IRB - Immigration and Refugee Board of Canada. (20 de November
de 2003). *Protection available to witnesses in investigations
related to acts of corruption committed during Alberto Fujimori's
presidency; whether these witnesses were the targets of threats or
acts of violence PER42207.FE.* Obtenido de European Country
of Origin Information Network: http://www.ecoi.net/
local_link/104059/200654_en.html

Kickul, J., & Neuman, G. (2000). Emergent leadership behaviors: The
function of personality and cognitive ability in determining
teamwork performance and Ksas. *Journal of Business and
Psychology, 15*(1), 27 - 51.

Konnikova, M. (7 de Oct. de 2014). *The New Yorker.* Recuperado
el 20 de Nov. de 2014, de The Limits of Friendship: http://
www.newyorker.com/science/maria-konnikova/social-media-
affect-math-dunbar-number-friendships

Krackhardt, D. (1990, Jun.). Assessing the political landscape: Structure,
cognition, and power in organizations. *Administrative Science
Quarterly, 35*(2), 342 - 369.

La Prensa. (22 de Jul. de 2015). *La Prensa.mx.* Recuperado el 10 de Sep.
de 2015, de Presentan libro El Cártel del Atlántico: http://www.
laprensa.mx/notas.asp?id=376368

Lauchs, M., Keast, R., & Chamberlain, D. (2011, 18-Nov.). Resilience
of a corrupt police network: The first and second jokes in
Queensland. *Crime, Law and Social Change.*

Lengnick-Hall, C. A., & Beck, T. E. (2005). Adaptive fit versus robust
transformation: how organizations respond to environmental
change. *Journal of Management, 31*(5), 738 - 757.

Lewis, D. (31 de Ene. de 2014). *Business Insider*. Recuperado el 29 de Ene. de 2015, de A Surge In Cocaine Trafficking Has Turned Guinea Into West Africa's Latest Drug Hot Spot: http://www.businessinsider.com/guinea-is-africas-first-narco-state-2014-1

Marois, R., & Ivanoff, J. (Jun. de 2005). Capacity limits of information processing in the brain. *TRENDS in Cognitive Sciences, 9*(6), 296-305.

Medical Xpress. (20 de Jan de 2014). *Medical Xpress*. Recuperado el 25 de Jan de 2014, de Men and women process emotions differently, brain study shows: http://medicalxpress.com/news/2015-01-men-women-emotions-differently-brain.html

Milenio. (2011, 23-Jun.). *El Chango huía de La Tuta y el Golfo al ser aprehendido*. Recuperado 2011, 23-Jun. de Milenio: http://www.milenio.com/cdb/doc/impreso/8980265

Milenio Digital. (06 de Ene. de 2015). *Liberan a Miguel Ángel Almaraz en Nayarit*. Recuperado el 01 de Sep. de 2015, de *Milenio*: http://www.milenio.com/policia/Miguel_Angel_Almaraz-liberacion-PRD-Pemex-PRD-Nayarit_0_440956239.html

Moresilli, C., & Cyinthia, G. (2006). Legitimate strengths in criminal networks. *Crime, Law and Social Change, 45*, 185 - 200.

O'Regan, D., & Thompson, P. (2013). *Advancing Stability and Reconciliation in Guinea-Bissau: Lessons from Africa's First Narco-State*. Washington D.C.: The Africa Center for Strategic Studies.

Otero, S. (2011b, 26-June). *"Templarios", prioridad militar*. Recuperado 2011, June 29 de El Universal: http://www.eluniversal.com.mx/nacion/186558.html

Pardo, J. L., & Inzunza, A. (21 de Oct. de 2014). *InsightCrime.org*. Recuperado el 20 de Ene. de 2015, de US Police Corrupted by Mexico's Cartels Along Border.

Pérez, A. L. (2011). *El Cártel Negro*. México: Grijalbo.

Pérez, A. L. (2014). *Mares de cocaína: Las rutas náuticas del narcotráfico*. México: Grijalbo.

Petrunov, G., Yanev, N., & Salcedo-Albaran, E. (2013). *Analysis of Social Network Models of Transnational Criminal Networks operating in the Southeastern Border of the European Union*. Vortex Foundation. Bogota: Vortex Foundation.

Phillip, J. (18 de December de 2015). China Is Fueling a Drug War Against the U.S. *Epoch Times*. Obtenido de http://www.theepochtimes.com/n3/1915904-china-is-supplying-a-drug-war-against-the-united-states/.

Press, A. (10 de September de 2015). Mexico is losing a billion dollars a year to fuel theft. *El Daily Post*. Obtenido de http://www.eldailypost.com/news/2015/05/mexico-loses-more-than-1-billion-a-year-due-to-fuel-theft/

Procuraduría General de la República. (2011). *Presidencia de la República de México*. Recuperado el 20 de Nov. de 2014, de Boletín 150/11: PGR aseguró cuentas por más de 16 MDP a célula de "Los Zetas" dedicada al robo de hidrocarburos: http://calderon.presidencia.gob.mx/2011/02/pgr-aseguro-cuentas-por-mas-de-16-mdp-a-celula-de-los-zetas-dedicada-al-robo-de-hidrocarburos/

Procuraduría General de la República de México. (29 de Sept. de 2014). *Conferencai de prensa sobre banda dedicada al robo de hidrocarburos*. Recuperado el 12 de Nov. de 2014, de Sala de Prensa: http://www.pgr.gob.mx/Prensa/2007/bol14/Sep/b17414.shtm

Raford, N., & Trabuls, A. (2015). *Warlords Inc: Black Markets Broken States and the Rise of the Warlord Entrepeneur.* Berkeley: North Atlantic Books.

Reforma. (04 de 02 de 2009). Denuncia a Almaraz, eso le cuesta la vida. *Reforma*, pág. 3.

Reinhart, L. B. (2014). The Aftermath of Mexico's Fuel-Theft Epidemic: Examining the Texas Black Market and the Conspiracy to Trade in Stolen Condensate. *St. Mary's Law Journal, 45*(4), 749-786.

Salcedo-Albarán, E., De León-Beltran, I., & Garay-Salamanca, L. J. (2012). *Criminalità e stati: Come le reti illecite del narcotraffico e della corruzione riconfigurano le istituzioni in Colombia, Guatemala e Messico.* Roma: Eurilink.

Salcedo-Albarán, E., De León-Beltrán, I., & Garay-Salamanca, L. J. (2012). *Narcotráfico, Corrupción y Estados: Cómo las ilícitas han reconfigurado las instituciones de Colombia, Guatemala y México.* México D.F.: Random House Mondadori.

Salcedo-Albarán, L. J.-S. (2011). *Illicit Networks Reconfiguring States: Social Network Analysis of Colombian and Mexican case.* Bogotá: Método.

Shelley, L. I., Picarelli, J. T., Irby, A., Hart, D. M., Craig-Hart, P. A., Williams, P., . . . Covill, L. (23 de Jun. de 2005). Methods and Motives: Exploring Links between Transnational Organized Crime & International Terrorism. Department of Justice.

Sin Embargo. (1 de Nov. de 2013). *SinEmbargo.mx.* Recuperado el 21 de Jul. de 2014, de El gobierno federal ya rescató Michoacán, según Murillo Karam; insiste en que grupos armados son "vándalos": http://www.sinembargo.mx/01-11-2013/801473

Social Science Bites. (4 de Nov. de 2013). *Social Science Space*. Recuperado el 25 de Nov. de 2014, de Robin Dunbar on Dunbar Numbers: http://www.socialsciencespace.com/2013/11/robin-dunbar-on-dunbar-numbers/

Sullivan, J. P. (October de 2013). "Cross Border Connections: Criminal Inter-Penetration at the US-Mexico "Hyperborder". *VORTEX Working Paper*(11).

Sullivan, J. P. (2013). How Illicit Networks Impact Sovereignty. En M. Miklaucic, & J. Brewer, *Convergence: Illicit Networks and National Security in the Age of Globalization*. Washington DC: National Defense University Press.

Sullivan, J. P. (2014). States of Chang: Power and Counterpower Expressions in Latin America's Criminal Insurgencies, International Journal on Criminology. *International Journal of Criminology, 2*(1), 63-71.

Sullivan, J. P., & Elkus, A. (2011). Open Veins of Mexico: The Strategic Logic of Cartel Resource Extraction and Petro-Targeting. *Small Wars Journal*.

Sullivan, J. P., & Elkus, A. (2011). Tactics and Operations in the Mexican Drug War. *Infantry*, 20-23.

Thompson, C. (9 de Mar. de 2009). *TheGuardian.com*. Recuperado el 29 de Dec. de 2014, de Fears for stability in west Africa as cartels move in: http://www.theguardian.com/world/2009/mar/10/cocaine-trail-dakar

Time. (2014). *Time.com*. Recuperado el 18 de 01 de 2015, de Guinea-Bissau: World's First Narco-State: http://content.time.com/time/photogallery/0,29307,1933291_1975610,00.html

Unidad de Investigaciones MVS. (2 de Sept. de 2014). *Empresa de Pancho Colorado, ligada a los 'Zetas', operaba en Canadá... y en Pemex*. Recuperado el 30 de Oct. de 2014, de Aristegui Noticias: http://aristeguinoticias.com/0209/mexico/empresa-de-pancho-colorado-ligada-a-los-zetas-operaba-en-canada-y-en-pemex/

Walt, V. (27 de Jun. de 2007). *Time.com*. Recuperado el 28 de Dec. de 2015, de Cocaine Country: http://content.time.com/time/magazine/article/0,9171,1637719,00.html

ENDNOTES

1   Esta aclaración está basada en Francesco Forgione, *Mafia Export: cómo la Ndrangheta, la Cosa Nostra y la Camorra han colonizado el mundo*, Anagrama, Barcelona, 2010, y ha sido incluída en otros libros publicados por Salcedo-Albaran y Garay-Salamanca.

2   Versiones previas de la obra: En italiano, publicada bajó el título *Criminalità e stati: Come le reti illecite del narcotraffico e della corruzione riconfigurano le istituzioni in Colombia, Guatemala e Messico* (Eurilink, 2012), y en español bajo el título *Narcotráfico, Corrupción y Estados: Cómo las redes ilícitas han reconfigurado las instituciones de Colombia, Guatemala y México* (Random House Mondadori, 2012).

3   Ver IRB - Immigration and Refugee Board of Canada, "Protection available to witnesses in investigations related to acts of corruption committed during Alberto Fujimori's presidency; whether these witnesses were the targets of threats or acts of violence" [PER42207.FE]. 20 November 2003, http://www.ecoi.net/local_link/104059/200654_en.html.

4   Ver "35 Journalists Killed in Mexico since 1992/Motive Confirmed." Committee to Protect Journalists. Nd (accessed 18 December 2015), https://cpj.org/killed/americas/mexico/.

5   Ver Joshua Phillip, "China Is Fueling a Drug War Against the U.S." *Epoch Times*. 18 December 2015, http://www.theepochtimes.com/n3/1915904-china-is-supplying-a-drug-war-against-the-united-states/.

6   Acerca de las redes, ver Manuel Castells, *The Information Age: Economy, Society and Culture: The Rise of the Network Society* (Volume I); *The Power of Identity* (Volume II); y *The End Of Millennium* (Volume III); Second Editions. Oxford: Wiley-Blackwell, 2009-10.

7   Ver Nils Gilman, Jesse Goldhammer, and Steven Weber (Eds.), *Deviant Globalization: Black Market Economy in the 21ˢᵗ Century*. New York: Bloomsbury, 2011.

8   Acerca de los primeros desarrollos y proyecciones, (Eds.). *Networks and Netwars: The Future of Terror, Crime, and Militancy*. Santa Monica: RAND, 2001. Acerca de una perspectiva reciente, ver John P. Sullivan, "States of Change: Power and Counterpower Expressions in Latin America's Criminal Insurgencies, International Journal on Criminology, Vol. 2, Issue 1, Spring 2014, pp. 63-71.

9   Ver Luis Jorge Garay-Salamanca and Eduardo Salcedo-Albarán. *Drug Trafficking, Corruption and States: How Illicit Networks Shaped Institutions in Colombia, Guatemala and Mexico* (A Small Wars Journal and Vortex Foundation Book). Bloomington: iUniverse, 2015 y Luis Jorge Garay-Salamanca and Eduardo Salcedo-Albarán, Illicit Networks Reconfiguring States: Social Network Analysis of Colombian and Mexican cases. Bogotá: Metodo, 2011.

10   Los flujos ilícitos incluyen flujos financieros ilícitos (IFF, por sus siglas en inglés), así como el movimiento de contrabando, narcotráfico, tráfico de personas, tráfico de armas cortas, y el flujo de recursos como el petróleo, hidrocarburos y otros productos que incluyen desperdicios tóxicos. Sin embargo, tal vez, el producto (*commodity*) más valioso es la influencia política.

11   La "inter-penetración" es una interacción recíproca de actores. Esto puede observarse en la colusión entre actores criminales, políticos y comerciales, y también entre las varias empresas criminales, especialmente a través de las fronteras. Para una discusión de la inter-penetración criminal, ver John P. Sullivan, "Cross-Border Connections: Criminal Inter-Penetration at the US-Mexico 'Hyperborder,' *VORTEX Working Paper No. 11*, October 2013.

12   "Freed Drug Lord Slam's Peru's Presidential Front-runner," *InSight Crime*, 15 January 2016 at http://www.insightcrime.org/news-briefs/freed-drug-lord-slams-peru-presidential-frontrunner-fujimori.

13   Acerca del mercado ilícito de hidrocarburos, ver, "Open Veins of Mexico: The Strategic Logic of Cartel Resource Extraction and Petro-Targeting," *Small Wars Journal*, 03 November 2011; Luke B. Reinhart, "The Aftermath of Mexico's Fuel-Theft Epidemic: Examining the Texas Black Market and the Conspiracy to Trade in Stolen Condensate," *St. Mary's Law Journal*, Vol. 45:749-786;, "Mexican Energy Reform: A Security Nightmare for

Multi-Nationals Operating in Mexico," *Small Wars Journal*, 18 August 2015.

[14] Ver, Dwight Dyer "Tapping away: Fuel theft will affect Pemex into 2016, *El Daily Post*, 10 September 2015 at http://www.eldailypost.com/energy/2015/09/tapping-away-fuel-theft-will-affect-pemex-into-2016/ y Associated Press, "Mexico is losing a billion dollars a year to fuel theft." *El Daily Post*, 15 September 2015 at http://www.eldailypost.com/news/2015/05/mexico-loses-more-than-1-billion-a-year-due-to-fuel-theft/.

[15] Ver John P. Sullivan, "How Illicit Networks Impact Sovereignty", Chapter 10 in Michael Miklaucic and Jacqueline Brewer (Eds.), *Convergence: Illicit Networks and National Security in the Age of Globalization*, Washington, DC: National Defense University Press, 2013.

[16] Ver John P. Sullivan and Adam Elkus, "Tactics and Operations in the Mexican Drug War," *Infantry*, September-October 2011, pp. 20-23.

[17] Ver Noah Raford and Andrew Trabulsi (eds.), Warlords, Inc.: Black Markets, Broken States, and the Rise of the Warlord Entrepreneur, Berkeley: North Atlantic Books, 2015 para una discusión acerca de las capacidades globales de las redes transnacionales complejas (macro-redes).

[18] (Astorga, 2005).

[19] Un ejemplo de baja capacidad para investigar y castigar a funcionarios públicos que apoyan redes criminales sucedió en México con el proceso judicial conocido como el *Michoacanazo*, en el que se capturaron 28 altos funcionarios públicos del Estado de Michoacán, entre 11 alcaldes y un juez. Este proceso terminó en la posterior libertad de todos los acusados, por fallas de índole procedimental y pericial, o por simple faltas de pruebas. Desde entonces no se tiene noticia de intentos de enfrentar de manera masiva las estructuras políticas del crimen en México.

[20] La situación en que agentes que operan dentro y fuera del Estado ofrecen e intercambian sus recursos, su poder decisión y sus ventajas comparativas, ha sido descrita y modelada como un mercado de *capacidades institucionales* en las que los agentes ofertan y demandan dichas capacidades, pagando "precios" definidos en términos de las mismas capacidades (Garay & Salcedo-Albarán, Narcotráfico, Ilegalidad y Estado: Cómo las redes ilícitas reconfiguran instituciones en Colombia, México y Guatemala, 2012). Este concepto y sus implicaciones para la estabilidad y perdurabilidad de las redes criminales será analizado en la última sección del libro.

[21] (Garay-Salamanca & Salcedo-Albaran, 2011).

[22] La Captura del Estado ha sido definida desde la década de los 90s como aquellas situaciones en las que grupos económicos de poder influyen en la formulación y aplicación de políticas públicas y leyes, usualmente mediante el pago de dádivas y sobornos (Hellman, Jones, & Kaufmann, 2000; Hellman & Kaufmann, 2001; Hellman & Kaufmann, 2000).

[23] (Degenne & Forsé, Introducing Social Networks, 1999; den Bossche & Segers, 2013).

[24] El indicador de centralidad directa consiste en calcular la *"centralidad porcentual para cada nodo, (...) dividiendo el puntaje de centralidad absoluto entre la centralidad máxima posible del grafo: 0 denota un nodo aislado y 1 designa un nodo que está conectado con todos y cada uno de los otros nodos de la red"* (Degenne & Forsé, 1999). Esto quiere decir que el nodo/agente con el mayor indicador de centralidad directa es el que concentra más relaciones sociales.

[25] El indicador de intervención consiste en calcular el total de rutas geodésicas, que son todas las rutas que conectan de manera indirecta a dos nodos/agentes, y determinar en qué porcentaje de esas rutas interviene cada nodo/agente (Burt, Christman, & Kilburn, 1980).

[26] (Degenne & Forsé, 1999, p. 135).

[27] (Granovetter, 1973, p. 1360).

[28] (Degenne & Forsé, 1999, p. 136).

[29] (Lauchs, Keast, & Chamberlain, 2011).

[30] (Ayling, 2009).

[31] Ibid, 183.

[32] Ibid, 184.

[33] (Lauchs, Keast, & Chamberlain, 2011).

[34] (Ayling, 2009).

[35] (Felson, 2006).

[36] (Ayling, 2009, p. 188; Moresilli & Cyinthia, 2006).

[37] (Carley, Lee, & Krackhardt, 2002).

[38] (Krackhardt, 1990).

[39] (Carley, Lee, & Krackhardt, 2002).

[40] Ibid.

[41] Ibid, p. 86.

[42] Ibid, p. 86.

[43] *Ceteris paribus* es una frase del Latín que significan "con las demás condiciones iguales o constantes".

44 Algunos artículos de divulgación en los que se expone la explicación de Dunbar: (Konnikova, 2014) y (Social Science Bites, 2013).

45 Según Dunbar, en la primera de las cinco capas participan aproximadamente 5 personas con las que se establecen interacciones de alta frecuencia y, por lo tanto, puede inferirse vínculos emocionales (Dunbar, Kaski, & MacCarron, 2016).

46 Por ejemplo, a finales de 2013 se registraba en el Estado de Michoacán, México, una grave situación de violencia, entre otras, por confrontaciones entre "Los Caballeros Templarios" y grupos de autodefensas. Sin embargo, el Procurador General de la República de México aseguraba constantemente ante medios de comunicación que la violencia acontecida era el resultado de crímenes ejecutados por "vándalos" (Sin Embargo, 2013). De esta manera, se generaba la idea de que las acciones criminales eran aisladas y no acontecían en el marco de complejas macro-redes criminales que operaba mediante estructuras políticas, económicas y coercitivas en el Estado de Michoacán.

47 Convención de las Naciones Unidas contra la delincuencia organizada transnacional y sus protocolos, 2004.

48 El concepto de "*organización*" ha sido útil para entender que los grupos criminales eficientes no actúan de manera totalmente errática, sino que usualmente tienen objetivos relativamente claros, con distintos niveles de división de trabajo y especialización de actividades. Sin embargo, ello no implica, necesariamente, que los grupos criminales son rígidos, como las jerarquías que usualmente se encuentran en las burocracias de la administración pública.

49 El cerebro humano es muy eficiente procesando información simultánea en redes neuronales paralelas; no obstante, también hay límites drásticos para atender, entender y asociar objetos de manera simultánea (Marois & Ivanoff, 2005, pág. 296).

50 Las dos primeras características son indispensables y necesarias para entender las 7 características restantes. Por ejemplo, las características 3 y 4, relacionadas con las categorías o tipos de roles de nodos/agentes y de interacciones, sólo adquieren relevancia en el contexto de las características 5 y 6, las cuales, a su vez, sólo son posibles con las cantidades inicialmente calculadas en las características 1 y 2. De igual manera, como las características 7 y 8 se refieren a los cálculos porcentuales que incluyen la cantidad total de nodos/agentes y de interacciones, entonces también se necesitan las cantidades totales en las características 1 y 2. Finalmente, las

característica 9 se refiere a repetir el proceso de definir las características 1 a 8, pero en una escala menor y más detallada de las sub-redes de la red.

51   Con una descripción que use 4 características disminuye, aunque no desaparece, la probabilidad de que una descripción se aplique a dos redes criminales. La probabilidad de que dos redes criminales tengan la misma cantidad de nodos/agentes e interacciones, *ceteris paribus*, es mayor que la probabilidad de que dos redes criminales tengan la misma cantidad y los mismos tipos de nodos/agentes e interacciones. Por ejemplo, si la red criminal 1 se describe como "D_{11}: *La red criminal 1 está conformada por 20 nodos/agentes*", entonces hay una probabilidad $P(D_{11})$ de que esa descripción D_{11} aplique a una red criminal 2 que también está conformada por 20 nodos/agentes, aunque las dos redes descritas con D_{11} sean distintas. Sin embargo, la $P(D_{11})$ disminuye si la red criminal 1 se describe como "D_{12}: *La red criminal 1 está conformada por 20 nodos/ agentes que establecen 30 interacciones*". Esto quiere decir que la descripción D_{12} tiene una nueva probabilidad $P(D_{12})$ de que se aplique a dos redes distintas, y esa $P(D_{12})$ es menor que (D_{11}). Finalmente, si a la descripción de la misma red 1, que ya incluía la información acerca de la cantidad de nodos/agentes e interacciones, se agrega la información acerca de los tipos de nodos/agentes e interacciones, entonces se obtiene una tercera posible descripción del tipo "D_{13}: *La red criminal 1 está conformada por 20 nodos/agentes, distribuidos entre 5 empresarios, 5 alcaldes, 5 gobernadores y 5 narcotraficantes, que establecen 30 interacciones, distribuidas entre 10 relaciones familiares, 10 amenazas, 5 interacciones de sobornos, y 5 interacciones de favores políticos*", entonces la probabilidad $P(D_{13})$ de que D_{13} se aplique a dos redes no relacionadas, es menor que la probabilidad $P(D_{12})$ y menor que la probabilidad $P(D_{11})$.

52   Elegido como Premio Nobel de Literatura en 2010.

53   El candidato Alejandro Toledo convocó a la denominada "Marcha de los 4 Suyos" (en alusión a los puntos cardinales del incanato), la que movilizó decenas de miles de personas desde los distintos puntos del país hacia la capital en señal de protesta por la elección fraudulenta.

54   En varios videos se aprecia a Montesinos entregándole la suma de USD$ 10,000 al Presidente del Jurado, y diversas sumas de dinero más pasajes aéreos a otros dos magistrados miembros del Tribunal Electoral.

55   Por ejemplo, solo en el caso de Canal 4, los videos demostraron que Montesinos le pagaba USD$ 15,000 mensuales al hijo del dueño a cambio de que subordinaran su línea editorial a sus designios.

56 El hermano del difunto narcotraficante colombiano Pablo Escobar Gaviria, Roberto Escobar (a) "Osito", declaró en esos días que era testigo de que su hermano había financiado la campaña electoral de Fujimori con un millón de dólares, aporte que Fujimori habría agradecido personalmente.

57 Las Fuerzas Armadas Revolucionarias de Colombia (FARC), es la guerrilla latinoamericana marxista más antigua, pues data desde el año 1964. Desde hace algunas décadas, coincidiendo con el *boom* del narcotráfico en Colombia, esta agrupación combinó sus acciones armadas con la intermediación en el negocio del tráfico ilícito de drogas, que, como se verá, se convirtió en una fuente sustancial de financiamiento de sus actividades.

58 De 52 años de edad, economista, Acelor era accionista de compañías hoteleras, de varias empresas de financiamiento, de haciendas de explotación de café y de la primera productora de cacao en Costa de Marfil. Ex esposo de la condesa Augusta, dueña única de la Compañía de Helicópteros Augusta Bell, fue descrito por un medio de prensa peruano que lo retrató junto al piloto Emerson Fitipaldi, como un miembro del "*jet set*".

59 Sarkis Soghanalian, de origen armenio, había nacido en Turquía, pero sus padres se mudaron a Líbano cuando éste tenía aproximadamente 9 años de edad. Debido a la pobreza de su familia, abandonó el colegio y se enroló en el ejército francés donde sirvió en la división blindada. Allí habría empezado a familiarizarse con el equipamiento militar. Posteriormente, a raíz de la guerra civil en Líbano en los años 70, se inició en el comercio de armas. Posteriormente intermedió en la venta de helicópteros norteamericanos a Hussein durante la guerra entre Irán e Irak y vendió armas a la contra nicaragüense. Se sabe que ha sido colaborador de la CIA. Cuando el periodista peruano Angel Páez, quien mejor investigó este caso, le preguntó en una entrevista en su casa de Palm Springs en Florida después de escucharlo narrar historias por horas, por qué no escribía sus memorias, respondió "porque la CIA me mata". Pese a ello, fue investigado por el Congreso estadounidense y condenado a 6 años de prisión, que luego se redujeron a 2 porque habría colaborado entregando información clasificada a los estadounidenses.

60 Luego de un conflicto armado entre Perú y Ecuador, se firmó un acuerdo de paz con la intervención de varios países garantes, el mismo que contemplaba una moratoria en la compra de armas para ambos países.

61 Según estableció el tribunal que juzgó el caso, los hermanos Aybar Cancho (Luis Frank y José Luis), actuaron como representantes de la organización criminal liderada por Montesinos ante la guerrilla de las FARC.

62 Informe Final NO 013-2005/CONJUNTA.

63 Aldana fue detenido por el Departamento Administrativo de Seguridad de Colombia, DAS, el 17 de agosto del 2002 y entre la documentación que se le incautó, había una fotografía en la que aparecía con los hermanos Aybar Cancho en Jordania, vestidos a la usanza árabe.

64 Sala Penal Permanente R.N. No. 4936-2006 Lima. Pág. 41.

65 Como se explicó en la introducción, uno de estos funcionarios que aceleraron la desarticulación de la red criminal que aquí se analiza fue José Ugaz, quien en la segunda parte del presente libro narra, el auge y caída de la red criminal "Montesinos-FARC" y de los alcances de los acuerdos establecidos con Fujimori.

66 (EFE Bogotá, 2014).

67 328/GIAT/DINTE/PONAL-129.

68 Permisos de sobrevuelo (i) de Geo Andina SRL del 15 de marzo de 1999 para el 15 al 17 de marzo de 1999; (ii) de Sereno SRL para el 18 al 20 de abril de 1999, que luego rectifica para el 21 al 23 de abril y 22 al 25 de abril –retorno–; (iii) Nikkei Export para el 5 al 7 de junio de 1999, y (iv) luego se pidieron varias prórrogas del 1 al 7 de agosto, del 20 al 26 de agosto y del 20 al 27 y otras hasta septiembre.

69 Expediente N° 4973-2006.

70 (Pérez, El Cártel Negro, 2011, pág. 37).

71 Ibid, p. 37.

72 Según expedientes registrados bajo los folios PGR/SIEDO/ UEIDCS/323/2009 y PGR/SIEDO/UEIDCS/ 258/2009, además de informes oficiales de la Secretaría de la Defensa Nacional (Sedena) y de la Procuraduría General de la República (PGR).

73 Esta sección se fundamenta en expedientes judiciales e información que el autor, Francisco Gómez, en algunas ocasiones previas ha publicado.

74 También conocido como "El Talivancillo" o "Taliván 2", hermano de "El Taliván".

75 (Pérez, El Cártel Negro, 2011, pág. 68).

76 Nombre clave del testigo colaborador de la PGR en una declaración contenida en el expediente UEIORPIFAM/AP/007/2009.

77 (Pérez, El Cártel Negro, 2011, pág. 15).

78 Ibid, p. 15.

[79] Ibid, p. 74.

[80] En inglés: *Immigration and Customs Enforcement*, ICE.

[81] Contenida en el oficio número FRAU: 0773: MX08YR07MC0005:bs que entregó a la Procuraduría General de la República (PGR) la oficina del ICE en la embajada de Estados Unidos en México, el 14 de Enero de 2009.

[82] (Pérez, El Cártel Negro, 2011, pág. 87).

[83] Anexado a la investigación UEIORPIFAM/AP/007/2009 de la Procuraduría General de la República (PGR).

[84] "*La Subprocuraduría de Investigación Especializada en Delincuencia Organizada (SIEDO) aseguró cuentas bancarias por un monto de más de 16 millones de pesos, además de que logró la detención de 13 personas que ya están sujetas a proceso como resultado de la investigación de una célula de la organización criminal de Los Zetas dedicada a la legitimación de activos a través del sistema financiero internacional procedentes de la sustracción, trasvase, transporte y exportación a los Estados Unidos de América de un hidrocarburo denominado "condensado de Gas o de Campo" propiedad de la nación, toda vez que su explotación y distribución está concedida únicamente a Petróleos Mexicanos. Cabe recordar que en junio de 2009, el Juez Tercero de Distrito en el estado de Nayarit, con sede en Tepic, dentro del proceso penal 110/2009, dictó auto de formal prisión contra doce personas por su probable responsabilidad en la comisión de los delitos de delincuencia organizada (…): Miguel Ángel Almaraz Maldonado; José Raúl Zertuche González; Jesús Óscar Ibarra Castellanos; Álvaro Jacinto Martínez Ibarra; Yolanda Carrizales Cabrera; Nora Elvira Hernández González; José Salvador Alemán Chávez; Omar Lorenzo Marín Bojórquez; Leonel Rodela Pérez; Samuel Carlos Alberto Lom Juárez; Jorge Aguilar Pérez y Mónica Isabel Pérez Sánchez, en tanto que José Eduardo Alemán Chávez fue ubicado el pasado 13 de enero en Texas, Estados Unidos y una vez entregado a personal de la Policía Federal Ministerial de la AFI en el puente fronterizo de Reynosa, Tamaulipas, fue internado en el Ceferso No. 5 Oriente "Perote", en Veracruz*" (Procuraduría General de la República, 2011).

[85] De ese retraso se sabe por el oficio número 0713: MX08YR07MC0005: BSU, enviado por la Agregaduría Adjunta del ICE de la Embajada de Estados Unidos en México, donde cita la averiguación previa iniciada en 2007 bajo el registro PGR/SIEDO/UEIORPIFAM/069/2007, la cual se vinculaba con la investigación que "*realizan de manera conjunta la*

citada dependencia mexicana y esta agencia estadounidense sobre el robo y exportación ilegal de productos derivados de petróleo a Estados Unidos".

[86]   (Procuraduría General de la República, 2011).

[87]   Esta información proviene de entrevista telefónica grabada que Almaraz otorgó a Francisco Gómez, estando ya en libertad, el 6 de enero de 2016.

[88]   (Procuraduría General de la República, 2011).

[89]   Ibid.

[90]   Este fue el único periodo que las autoridades pudieron acreditar.

[91]   (Reforma, 2009).

[92]   (Milenio Digital, 2015).

[93]   (La Prensa, 2015).

[94]   Adicionalmente, Almaraz aseguró: *"No tengo responsabilidad (…) porque el manejo de ese negocio fue lícito en EU y comprobado totalmente, entonces el dinero no es ilícito independientemente de que pudiera ser o no el producto robado. El negocio se manejó correctamente en Estados Unidos y por lo tanto el dinero que baja a México no viene de una empresa ilícita, viene de un negocio registrado, público y que pagó impuestos y no puede ser considerado de un origen ilícito".*

[95]   (Pérez, 2011, pág. 11).

[96]   Ibid, p. 66.

[97]   Ibid, p. 14.

[98]   Ibid, p. 156.

[99]   Ibid, p. 167.

[100]   Ibid, p. 238.

[101]   (Garay & Salcedo-Albarán, 2012).

[102]   (Procuraduría General de la República, 2011).

[103]   Ibid.

[104]   Osiel Cárdenas proporcionó instrucciones para ejecutar homicidios, a sicarios como (i) SI-LOZEGGE, (ii) alias "El Colchón", identificado con el código SI-LOZEILFECN, (iii) alias "El Cholo", identificado con el código SI-LOZEJRNDVLPEC, y (iv) alias "El Caris", identificado con el código NA-LOZEHCMSGEC (Grafo 4).

[105]   Osiel Cárdenas registra un indicador de intervención, o *betweenness*, de 13,9%.

[106]   (Garay & Salcedo-Albarán, 2012).

[107]   En inglés: *Immigration and Customs Enforcement*, ICE.

[108]   (CNNMexico, 2015).

[109] Según documento público del 2 de mayo de 2014, correspondiente al Juicio "Civil action No. h-io-1997" promovido por Pemex Exploración y Producción (Pep), contra Basf Corporation *et. al.* en Estados Unidos, Corte de Distrito para el Distrito Sur de la División de Houston, Texas (Godoy, 2014).

[110] Documento que fue dado a conocer por la periodista Carmen Aristegui en su noticiero radiofónico *Primera Emisión*.

[111] (Unidad de Investigaciones MVS, 2014).

[112] (Gómez F., 2007).

[113] Esta zona central de México comprende varios Estados, y en este caso se refiere a Jalisco, Guanajuato y los límites con San Luis Potosí. Para la fuente de la Procuraduría General de la República ver (Procuraduría General de la República de México, 2014).

[114] (Pérez, 2011, pág. 75).

[115] Por ejemplo, "*en las instalaciones petroleras de Cadereyta no se mueve un dedo si no lo autoriza el sindicato. Hay allí un poliducto de 12 pulgadas que es permanentemente ordeñado. Se trata de una de las vías más estratégicas para Pemex por el volumen de combustible que transporta y por su ubicación geográfica, que va desde la refinería de Cadereyta hasta el fronterizo puerto de Matamoros, vecino de Brownsville. De ese poliducto, mediante nueve tomas clandestinas herméticas, en 2009 se extrajeron cantidades industriales de gasolina y diesel. En 2010 se instalaron 41 tomas y en 2011 un número similar (…).*" (Pérez, 2011, p. 138).

[116] (Garay, Salcedo-Albarán, & De León-Beltrán, 2010c).

[117] (Harrup & Luhnow, 2011).

[118] (Pérez, El Cártel Negro, 2011, pág. 135).

[119] (Garay & Salcedo-Albarán, 2012).

[120] (Garay, Salcedo-Albarán, & De León-Beltrán, 2009).

[121] Es necesario tener en cuenta que operar en el corto de plazo, sin esquemas criminales perdurables, no es siempre la decisión explícita del "líder" o líderes de la red, de los nodos/agentes responsables de tomar las decisiones en la red, sino que es una condición que sólo se puede identificar en retrospectiva, cuando se analizan los errores estratégicos en que pudo haber incurrido una red, criminal o no.

[122] Los casos de las masacres de La Cantuta y de Barrios altos, que involucraron al Grupo Colina, cuyo papel fue presentado y discutido en el capítulo 3, han ilustrado las desapariciones forzadas y violaciones masivas de derechos

humanos cometidas por agentes estatales o para-estatales durante la presidencia de Fujimori.

[123] Esta situación teórica ya ha sido explorada en otras obras y referida como un Estado cuyas instituciones han sido plenamente reconfiguradas por un grupo que habría logrado imponer sus intereses egoístas, y tal vez criminales, por encima de los intereses del bienestar social.

[124] (Garay, Salcedo-Albarán, & De León-Beltrán, 2010c).

[125] (Garay & Salcedo-Albarán, 2012).

[126] (Shelley, y otros, 2005).

[127] (Cacho, 2011).

[128] (El Tiempo GDA, 2015).

[129] (Pardo & Inzunza, 2014).

[130] (Time, 2014).

[131] (Walt, 2007).

[132] (Thompson, 2009).

[133] (Lewis, 2014).

[134] (Pérez, 2014).

[135] (O'Regan & Thompson, 2013).

[136] (Eurostat, 2013).

[137] (Petrunov, Yanev, & Salcedo-Albaran, 2013).

[138] Ibid, p. 66.

[139] (Gómez I., 2012); (InsightCrime, 2011).

[140] En México, tal vez el "micro-cartel" más conocido desde la "desaparición" masiva sucedida en el municipio de Iguala, es el de "Guerreros Unidos". En Colombia, por su parte, desde la desmovilización de "Las Autodefensas Unidas de Colombia", estructuras autónomas como "La Empresa" y "Los Rastrojos" también han sido denominadas "micro-carteles".

[141] Otros procedimientos de minería de datos y análisis predictivo conocidos como *machine learning,* o *deep learning,* también son útiles para vincular y analizar amplios volúmenes de información y "entrenar" algoritmos para que puedan predecir tendencias a partir de esa información.

www.ingramcontent.com/pod-product-compliance
Lightning Source LLC
Chambersburg PA
CBHW030428290526
45786CB00001B/193